Rastejando até Belém

Joan Didion

Rastejando até Belém

Ensaios

tradução
Maria Cecilia Brandi

todavia

Para Quintana

Gira e gira no vórtice crescente
Não escuta o falcão ao falcoeiro;
As coisas vão abaixo; o centro cede;
Mera anarquia é solta sobre o mundo,
Solta a maré de sangue turva, afoga-se
Por toda parte o rito da inocência;
Falta fé aos melhores, já os piores
Se enchem de intensidade apaixonada.

Por certo, há revelações a vir;
Por certo, há a Segunda Vinda a vir.
Segunda Vinda! Mal saem tais palavras,
E a vasta imagem do Spiritus Mundi
Perturba-me a visão: lá no deserto
Um vulto de leão com rosto de homem,
O olhar vago, impiedoso como o sol,
As lentas coxas move, tendo em torno
Sombras de iradas aves do deserto.
Cai a treva outra vez, mas ora sei
Que o pétreo sono de seus vinte séculos
Vexou-se ao pesadelo por um berço.
Que besta bruta, de hora enfim chegada,
Rasteja até Belém para nascer?

W. B. Yeats, "A Segunda Vinda"*

Aprendi sobre coragem com Buda, Jesus, Lincoln, Einstein e Cary Grant.

Miss Peggy Lee

---

* Tradução de Adriano Scandolara para o poema "The Second Coming", publicada em *Eutomia: Revista de Literatura e Linguística*, Recife, UFPE, v. I, n. II, p. 548, jan.-jun. 2013. [N.T.]

Um prefácio 11

I. Estilos de vida na terra do ouro

Sonhadores do sonho dourado 17
John Wayne: Uma canção de amor 40
Onde as saudações não cessam 52
Camarada Laski, CPUSA (M.-L.) 68
Romaine Street 7000, Los Angeles 38 73
California dreaming 79
Casamentos absurdos 85
Rastejando até Belém 89

II. Pessoais

Sobre ter um caderno 133
Sobre o amor-próprio 143
Não consigo tirar esse monstro da cabeça 149
Sobre a moralidade 157
Sobre ir para casa 163

III. Sete lugares da mente

Notas de uma nativa 169
Carta do paraíso, 21º 19'N, 157º 52'O 185
A rocha secular 202
O litoral do desespero 206
Guaymas, Sonora 211
Caderno de Los Angeles 214
Adeus a tudo isso 222

Agradecimentos 237

Um prefácio

Este livro se chama *Rastejando até Belém* porque por alguns anos certos versos do poema de Yeats, que aparece três páginas atrás, reverberaram no meu ouvido interno como se nele tivessem sido implantados cirurgicamente. O vórtice crescente, o falcão que não escuta ao falcoeiro, o olhar vago e impiedoso como o sol: esses foram meus paradigmas; as únicas imagens que, indo ao encontro de muito do que eu estava vendo, ouvindo e pensando, pareciam formar algum padrão. "Rastejando até Belém" também é o título de um dos ensaios deste livro, e esse ensaio, que deriva de uma temporada que passei no distrito de Haight-Ashbury, em San Francisco, foi para mim tanto o mais imperativo de todos esses escritos quanto o único que me deixou desanimada depois de publicado. Foi a primeira vez que lidei de forma direta e categórica com as evidências da atomização, a prova de que as coisas desmoronam: fui a San Francisco porque não conseguia trabalhar havia meses, estava paralisada pela convicção de que escrever era um ato irrelevante e de que o mundo, como eu o compreendera, não existia mais. Se de algum modo eu fosse voltar a trabalhar, precisaria aceitar a desordem. Por isso esse ensaio era importante para mim. Depois da publicação, vi que, por mais que eu pensasse ter sido direta e categórica, não consegui me fazer entender para muitas pessoas que leram e até gostaram do ensaio, não consegui mostrar que eu falava sobre algo mais geral do que a respeito de um punhado de crianças com mandalas na testa. Os disc-jóqueis telefonavam para minha casa e queriam discutir (ao vivo) a incidência de "sujeira" em Haight-Ashbury, e conhecidos me parabenizaram por ter terminado o ensaio "bem na hora", porque "agora essa moda está acabada, *fini, kaput*". Suponho que quase todo mundo que escreve volta e meia se aflige com a suspeita de que ninguém esteja escutando, mas na ocasião me pareceu (talvez porque o ensaio fosse importante para mim) que eu nunca tinha recebido um feedback tão amplamente despropositado.

Quase todos os ensaios deste livro foram escritos para revistas, entre os anos 1965, 1966 e 1967, e a maioria deles — assim nos livramos dessa pergunta desde o início — foi "ideia minha". Me pediram para ir ao Vale de Carmel fazer uma reportagem sobre a escola de Joan Baez, me pediram para ir ao Havaí, acho que me pediram para escrever sobre John Wayne, e também me encomendaram breves ensaios sobre "moralidade" para *The American Scholar*, e sobre "amor-próprio" para a *Vogue*. Dos vinte ensaios aqui reunidos, treze foram publicados no *The Saturday Evening Post*. Com frequência me escrevem de lugares como Toronto, querendo saber (exigindo saber) como posso ficar em paz com minha consciência escrevendo para o *The Saturday Evening Post*, e a resposta é bem simples. O *Post* é extremamente receptivo ao que o escritor quer fazer, paga o suficiente para que ele possa fazê-lo bem e é cuidadoso para não mudar o texto original. De vez em quando, perco no *Post* certas sutilezas da inflexão, mas não acho que isso me comprometa. É claro que nem todos os textos deste livro, no que se refere à temática, têm a ver com a ruptura geral, com as coisas desmoronando; essa é uma noção ampla e um tanto presunçosa, e muitos destes ensaios são pequenos e pessoais. Mas como não tenho memória fotográfica nem sou dada a escrever ensaios que não me interessam, tudo o que escrevo reflete, às vezes gratuitamente, como me sinto.

***

Não sei ao certo o que mais posso dizer sobre estes ensaios. Poderia dizer que gostei mais de trabalhar em uns do que em outros, mas que todos foram difíceis e tomaram mais tempo do que talvez merecessem; que há sempre um ponto na escrita de um texto em que me sento em uma sala literalmente forrada de tentativas frustradas, não consigo encadear uma palavra após a outra, e imagino que sofri um pequeno derrame, que aparentemente não me causou danos mas que, na verdade, me deixou afásica. Eu de fato estava mais doente do que nunca enquanto escrevia "Rastejando até Belém"; a dor me mantinha acordada à noite, então por vinte, vinte e uma horas por dia, eu tomava água quente com gim para atenuar a dor e Dexedrine para atenuar o gim e escrevia o ensaio. (Gostaria que você pensasse que continuei trabalhando graças a algum senso de profissionalismo, para cumprir o prazo, mas isso não seria totalmente verdadeiro; eu tinha um prazo, mas era um período conturbado, e o trabalho fazia com a conturbação o que o gim fazia com a dor.) O que mais posso contar? Sou ruim em entrevistar pessoas. Evito situações em que precise falar com o assessor de imprensa de alguém. (Isso me impede de escrever sobre a maioria dos atores, um bônus em si.) Não gosto de telefonemas e não gostaria de enumerar as manhãs em que, sentada na cama de algum hotel Best Western, em alguma beira de estrada, tentei me forçar a fazer ligações e aguardar que me pusessem na linha o assistente do promotor público. Minha única vantagem como repórter é que sou tão pequena fisicamente, meu temperamento é tão discreto e sou tão neuroticamente inarticulada que as pessoas tendem a esquecer que minha presença se opõe aos seus maiores interesses. E sempre se opõe. Esta é uma última coisa a lembrar: *os escritores estão sempre traindo alguém.*

I.
Estilos de vida na terra do ouro

Sonhadores do sonho dourado

Esta é uma história de amor e morte na terra do ouro, e começa no campo. O Vale de San Bernardino fica a apenas uma hora de Los Angeles, na direção leste, pela rodovia San Bernardino, mas em certos sentidos é um lugar atípico: não a Califórnia costeira dos crepúsculos subtropicais e dos suaves ventos do oeste vindos do Pacífico, mas uma Califórnia mais severa, assombrada pelo Mojave do outro lado das montanhas, devastada pelo calor e pela secura do vento de Santa Ana, que desce pelas encostas a 160 quilômetros por hora, ruge pelos quebra-ventos de eucalipto e dá nos nervos. Outubro é o pior mês de ventania, o mês em que é difícil respirar e as colinas ardem espontaneamente. Não chove desde abril. Toda voz parece um grito. É a estação do suicídio, do divórcio e do pavor arrepiante, onde quer que o vento sopre.

Os mórmons se estabeleceram nessa paisagem sinistra e depois a abandonaram, mas não sem antes plantar a primeira laranjeira, de modo que pelos cem anos seguintes o Vale de San Bernardino atrairia um tipo de gente que imaginava poder viver rodeado da fruta talismânica e prosperar em meio ao ar seco, uma gente que trouxe consigo as maneiras do Meio-Oeste de construir, cozinhar e rezar e que tentou enxertar esses costumes na terra. O enxerto tomou formas curiosas. Essa é a Califórnia onde se pode viver e morrer sem nunca ter comido uma alcachofra, sem nunca ter conhecido um católico ou um judeu. Essa é a Califórnia onde é fácil ligar para o Disque-Devoção, mas é difícil comprar um livro. É a terra onde a crença na interpretação literal do Gênesis se transformou imperceptivelmente em crença na interpretação literal do *Pacto de sangue*; a terra dos penteados volumosos, das calças cápri e das meninas para quem a grande promessa de vida se resume a um vestido de noiva branco de cauda curta e a dar à luz uma Kimberly ou uma Sherry ou uma Debbi e depois divorciar-se em Tijuana e retomar o curso de cabeleireira. "Éramos jovens e inconsequentes", dizem sem arrependimento, e olham para o futuro. O futuro sempre parece atraente na terra de ouro, porque ninguém se lembra do passado. Esse é o lugar onde o vento quente sopra e os velhos hábitos não parecem relevantes, onde a taxa de divórcio é o dobro da média nacional e onde uma a cada 38 pessoas mora num trailer. Aqui é a última parada para todos que vêm de algum outro lugar, todos aqueles que fugiram do frio, do passado e dos velhos hábitos. É aqui que essas pessoas buscam um novo estilo de vida, e fazem isso nos únicos lugares onde sabem procurar: nos filmes e nos jornais. O caso de Lucille Marie Maxwell Miller é um monumento sensacionalista a esse novo estilo de vida.

Para começar, imagine a Banyan Street, porque foi lá que tudo aconteceu. Para chegar à Banyan vindo de San Bernardino, é preciso pegar o sentido oeste e dirigir pelo Foothill Boulevard, na Rota 66, passando pelos jardins de Santa Fe e pelo hotel Forty Winks. O hotel se resume a dezenove cabanas de estuque: "DURMA NA CABANA — E GASTE COM ADEREÇOS DE WAMPUM". Depois, é preciso passar pela Fontana Drag City, pela igreja de Nazareno de Fontana e pelo restaurante Pit Stop A Go-Go; em seguida pela fábrica de aço Kaiser Steel, cruzar o Cucamonga, e sair na altura do bar-restaurante-cafeteria Kapu Kai, na esquina da Rota 66 com a Carnelian Avenue. Ao subir a Carnelian a partir do Kapu Kai, cujo nome significa "Mares proibidos", o vento forte chicoteia as bandeiras do condado. "RANCHOS DE DOIS MIL METROS QUADRADOS! LANCHONETES! ENTRADA DE MÁRMORE TRAVERTINO! 95 DÓLARES DE ENTRADA!" É o rastro de um plano que deu errado, dos destroços da Nova Califórnia. Mas depois de um tempo as placas já não aparecem na Carnelian Avenue e as casas deixam de ter os tons pastéis brilhantes, escolha típica dos proprietários da Springtime Home, e são substituídas por bangalôs desbotados de pessoas que cultivam algumas uvas e criam umas poucas galinhas no quintal; e depois a montanha fica mais íngreme, a estrada vai subindo e até mesmo os bangalôs se tornam raros, e é aqui — desolada, com superfícies ásperas revestidas de eucaliptos e limoeiros — que fica a Banyan Street.

Como boa parte dessa região, a Banyan Street causa uma impressão peculiar e antinatural. Os limoeiros estão afundados atrás de um muro de contenção de cerca de um metro, de modo que se vê diretamente a densa e exuberante folhagem, perturbadora de tão lustrosa, o verdor dos pesadelos; a casca caída do eucalipto é muito poeirenta, um bom lugar para as cobras se reproduzirem. As pedras não se parecem com pedras naturais, mas com escombros de algum levante de que não se fala. Há vasos manchados e uma cisterna fechada. De um lado da Banyan está uma parte plana do vale e, do outro, as montanhas de San Bernardino, uma massa escura que se ergue bem para o alto, rápido demais, um, dois, três mil metros, logo acima dos limoeiros. À meia-noite não há nenhuma luz e nenhum barulho na Banyan Street, exceto do vento batendo no eucalipto e do latido abafado dos cachorros. Pode ser que haja um canil em algum lugar, ou talvez os cães sejam coiotes.

Banyan Street foi o caminho que Lucille Miller pegou de volta para casa depois de ir ao Mayfair Market, um mercado 24 horas, na noite de 7 de outubro de 1964. Era uma noite em que a lua estava escura, o vento soprava e Lucille estava sem leite em casa, e foi na Banyan Street que, por volta de meia-noite e meia, seu Volkswagen 1964 parou de repente e começou a pegar fogo. Por uma hora e quinze minutos, Lucille Miller correu pra cima e pra baixo pela Banyan pedindo socorro, mas nenhum carro passou, nenhuma ajuda apareceu. Às três da madrugada, quando o fogo tinha sido apagado e os agentes da polícia rodoviária da Califórnia preenchiam seu relatório, Lucille Miller continuava incoerente e soluçando, porque seu marido adormecera no Volkswagen. "Não resta nada, nada pro caixão. O que direi às crianças?", ela gemia para a amiga que havia sido chamada para confortá-la. "Como posso explicar a elas que não restou nada?"

Na verdade, algo tinha restado e, uma semana mais tarde, esse algo jazia na capela do necrotério Draper, na cidade de Ontário, dentro de um caixão de bronze fechado e coberto de cravos rosa. Cerca de duzentos enlutados ouviram élder Robert E. Denton, da Igreja Adventista do Sétimo Dia, falar sobre "o temperamento furioso que irrompeu entre nós". Para Gordon Miller, ele disse que não haveria "nem mais mortes, nem mais pesares, nem mais mal-entendidos". Élder Ansel Bristol fez menção à "peculiaridade" daquela dor. Élder Fred Jensen perguntou: "De que serve a um homem ganhar o mundo inteiro e perder a própria alma?". Caiu uma leve chuva, uma bênção na estação seca, e uma vocalista entoou "Safe in the Arms of Jesus". Uma fita da cerimônia foi gravada para a viúva, que estava presa sem direito à fiança na cadeia do condado de San Bernardino, acusada de homicídio qualificado.

É claro que Lucille era de outro lugar, que tinha deixado a pradaria em busca de algo que devia ter visto num filme ou ouvido na rádio, já que essa é uma história do sul da Califórnia. Ela nasceu em 17 de janeiro de 1930 em Winnipeg, Manitoba, filha única de Gordon e Lily Maxwell, ambos professores e devotos da Igreja Adventista do Sétimo Dia, cujos membros observam o Sabá aos sábados, acreditam numa Segunda Vinda apocalíptica, têm forte tendência missionária e, quando são rigorosos, não fumam nem bebem, não comem carne, não usam maquiagem e tampouco joias, nem sequer alianças de casamento. Quando se matriculou na Faculdade Walla Walla de College Place, em Washington, a instituição adventista de ensino onde seus pais lecionavam na época, Lucille Maxwell tinha dezoito anos, aparência boa mas ordinária e ânimo extraordinário. "Lucille queria ver o mundo", diria seu pai em retrospecto, "e acho que ela conseguiu."

O ânimo, no entanto, não contribuiu para que ela levasse adiante o seu curso na Walla Walla e, na primavera de 1949, Lucille Maxwell conheceu e se casou com Gordon ("Cork") Miller, de 24 anos, formado pela Walla Walla e também pela faculdade de odontologia da Universidade de Oregon, e depois enviado para Fort Lewis como médico. "Talvez se possa dizer que foi amor à primeira vista", lembra o sr. Maxwell. "Antes de serem formalmente apresentados, ele mandou uma dúzia e meia de rosas para Lucille, com um cartão dizendo que, mesmo que ela não quisesse sair com ele, ele esperava que ela apreciasse a beleza das rosas." Os Maxwell se lembram de a filha ter sido uma noiva "radiante".

Os casamentos infelizes são todos tão parecidos que não faz falta saber muito sobre o desenrolar deste em particular. Pode ou não ter havido problemas na ilha de Guam, onde Cork e Lucille Miller moraram enquanto ele terminava seu serviço no Exército. Pode ou não ter havido problemas na pequena cidade de Oregon, onde ele teve seu primeiro consultório particular. Parece que houve alguma decepção relacionada à mudança deles para a Califórnia: Cork Miller havia dito aos amigos que queria ser médico, que estava infeliz como dentista e planejava ingressar na Faculdade dos Médicos

Evangelistas, pertencente aos Adventistas do Sétimo Dia, em Loma Linda, a poucos quilômetros de San Bernardino. Em vez disso, ele comprou uma clínica odontológica no extremo oeste do condado de San Bernardino, e foi lá que a família se estabeleceu, em uma casa modesta numa dessas ruas onde sempre há triciclos e crédito rotativo e onde se sonha com casas maiores, ruas melhores. Isso foi em 1957. No verão de 1964, eles já haviam conseguido uma casa maior em uma rua melhor e todos os aparatos clássicos de uma família em ascensão: os 30 mil dólares por ano, os três filhos no cartão de Natal, a janela panorâmica, o salão familiar, as fotos no jornal que mostravam "Sra. Gordon Miller, presidente da Fundação do Coração, em Ontário [...]". Estavam pagando o preço clássico por tudo isso. E haviam chegado à clássica temporada do divórcio.

Poderia ter sido um verão péssimo como qualquer outro — um cerco de calor, nervosismo, enxaqueca e preocupações com dinheiro —, mas esse começou particularmente cedo e particularmente mal. Em 24 de abril, morreu de repente uma velha amiga, Elaine Hayton; Lucille Miller havia estado com ela na noite anterior. No mês de maio, Cork Miller foi hospitalizado por um breve período por causa de uma úlcera hemorrágica e seu habitual caráter reservado agravou sua depressão. Ele disse ao seu contador que estava "farto de olhar bocas abertas" e ameaçou suicidar-se. Em 8 de julho, as tensões convencionais por amor e por dinheiro haviam chegado a um impasse convencional na nova casa, num terreno de meio hectare no número 8488 da Bella Vista Drive, e Lucille Miller pediu o divórcio. Dentro de um mês, no entanto, os Miller pareciam reconciliados. Foram a um terapeuta de casais. Falaram sobre ter um quarto filho. O casamento parecia ter chegado àquela trégua tradicional, o ponto em que muitos se resignam a reduzir tanto as perdas quanto as esperanças.

Mas a temporada turbulenta dos Miller não acabaria tão facilmente. O 7 de outubro começou como um dia corriqueiro, daqueles que irritam de tão tediosos, com suas pequenas frustrações. Naquela tarde a temperatura chegou aos 39 graus em San Bernardino e os filhos dos Miller já tinham voltado da escola, porque os professores teriam treinamento. Havia roupa para deixar na lavanderia. Era preciso buscar uma receita de Nembutal e também ir a um autosserviço de lavagem a seco. No fim da tarde houve um acidente desagradável com o Volkswagen: Cork Miller atropelou e matou um pastor--alemão e depois disse que sentia como se um caminhão tivesse passado por cima de sua cabeça. Era algo que ele costumava dizer. Naquela tarde Cork Miller tinha uma dívida de 63 479 dólares, incluindo a hipoteca da nova casa, no valor de 29 637 dólares; um montante que lhe parecia opressivo. Era um homem preocupado com suas responsabilidades e que constantemente queixava-se de enxaquecas.

Ele jantou sozinho naquela noite, numa mesinha dobrável na sala de estar. Mais tarde os Miller viram John Forsythe e Senta Berger em *See How They Run* [Veja como eles correm] e quando o filme acabou, por volta das onze, Cork Miller sugeriu que saíssem para comprar leite. Ele queria um chocolate quente. Pegou uma manta e uma almofada do sofá e subiu no banco do carona do Volkswagen. Lucille Miller se lembra de ter esticado o braço para trancar a porta dele, enquanto saía de ré pelo portão da garagem. Quando ela saiu do Mayfair Market, e bem antes de chegarem a Banyan Street, Cork Miller já parecia ter dormido.

Há certa confusão na mente de Lucille Miller sobre o que aconteceu entre meia-noite e meia, hora em que o incêndio começou, e 1h50, quando foi comunicado. Ela diz que estava dirigindo a menos de sessenta quilômetros por hora na Banyan Street, sentido leste, quando sentiu uma guinada brusca do Volkswagen para a direita. A cena seguinte que soube relatar era do carro no aterro, quase na beira do muro de contenção, e as chamas aumentando atrás dela. Não lembra de ter saltado do carro. Lembra de ter quebrado com uma pedra a janela do lado do marido e em seguida ter subido no muro de contenção em busca de um pedaço de pau. "Eu não sabia como tirar ele dali", diz ela. "Só pensei que, se tivesse um pedaço de pau, conseguiria empurrá-lo para fora." Ela não conseguiu, e após um tempo correu para o cruzamento da Banyan com a Carnelian Avenue. Não há casas naquela esquina, e quase não há tráfego. Depois que um carro passou e não parou, Lucille Miller desceu correndo a Banyan em direção ao Volkswagen em chamas. Ela não parou, mas diminuiu a velocidade e viu o marido no meio do fogo. Ele era "apenas um pretume", ela disse.

Na primeira casa da Sapphire Avenue, a oitocentos metros do Volkswagen, Lucille Miller por fim encontrou ajuda. Lá, a sra. Robert Swenson ligou para o xerife e depois, a pedido de Lucille Miller, ligou para Harold Lance, advogado e amigo íntimo da família. Quando Harold Lance chegou, levou Lucille Miller para a casa dele, onde a deixou com sua esposa, Joan. Harold Lance e Lucille Miller voltaram duas vezes à Banyan Street e conversaram com os agentes da polícia rodoviária. Na terceira vez, Harold Lance voltou lá sozinho e, mais tarde, disse a Lucille Miller: "O.k.… Você não fala mais nada".

Quando Lucille Miller foi presa no dia seguinte à tarde, Sandy Slagle estava com ela. Sandy Slagle era uma estudante de medicina intensa e de lealdade implacável, que cuidava das crianças e morava com a família Miller como se fosse parte desta desde que se formara no ensino médio, em 1959. Os Miller a tiraram de uma situação familiar difícil e ela considera Lucille Miller não só "tipo uma mãe ou uma irmã", mas também a pessoa "de caráter mais maravilhoso" que já conhecera.

Na noite do acidente, Sandy Slagle estava em seu dormitório na Universidade de Loma Linda, mas Lucille Miller ligou para ela de manhã cedo no dia seguinte, pedindo que fosse para casa. Quando Sandy Slagle chegou, o médico estava lá aplicando uma injeção de Nembutal em Lucille Miller. "Ela estava chorando e se afundando", lembra Sandy Slagle. "Ela repetia várias vezes: 'Sandy, passei tantas horas tentando salvá-lo e, agora, o que estão tentando *fazer* comigo?'."

À uma e meia da tarde, o sargento William Paterson e os detetives Charles Calahan e Joseph Karr, da Divisão de Homicídios, chegaram na Bella Vista Drive, 8488. "Um deles apareceu na porta do quarto", lembra Sandy Slagle, "e disse a Lucille: 'Você tem dez minutos para se vestir ou vamos levá-la assim mesmo'. Ela estava de camisola, sabe, então tentei fazer com que se trocasse."

Sandy Slagle conta a história agora como se a soubesse de memória, seus olhos não vacilam. "Eu tinha posto a calcinha e o sutiã e eles abriram a porta de novo, então vesti uma calça cápri nela, sabe, e uma echarpe." A voz de Sandy baixa. "E então a levaram."

A prisão ocorreu apenas doze horas após o primeiro relato de um acidente na Banyan Street, uma rapidez que mais tarde fez com que o advogado de Lucille Miller alegasse que o caso inteiro se tratava de uma tentativa de justificar uma prisão precipitada. Na verdade, algumas inconsistências físicas aparentes foram o motivo pelo qual os detetives que chegaram à Banyan Street naquela madrugada deram ao acidente mais do que uma atenção rotineira. Enquanto Lucille Miller havia dito que estava dirigindo a menos de sessenta quilômetros por hora quando o carro deu uma guinada e parou, um exame no Volkswagen ainda resfriando mostrou que o carro estava em marcha lenta e que a lanterna estava acesa, não o farol. Além disso, as rodas dianteiras não pareciam estar na exata posição que a descrição de Lucille Miller sobre o acidente sugeria, e a roda traseira direita estava afundada de um jeito como se tivesse girado sem sair do lugar. Os detetives também acharam curioso que uma parada brusca a quase sessenta quilômetros por hora — o mesmo solavanco que supostamente teria derrubado uma lata de gasolina do banco traseiro e, de algum modo, provocado o início de incêndio — tenha deixado intactos no mesmo assento os restos de uma câmera Polaroid e deixado de pé duas caixas de leite no piso de trás do carro.

No entanto, ninguém poderia dar um relato preciso do que aconteceu e do que não aconteceu no momento de terror, e nenhuma dessas incoerências bastava como prova incontestável de intenção criminosa. Mas elas despertaram o interesse do escritório do xerife, tanto quanto a aparente inconsciência de Gordon Miller na hora do acidente e o tempo que Lucille Miller demorou para conseguir ajuda. Além disso, os investigadores notaram algo de errado na atitude de Harold Lance quando ele voltou à Banyan Street pela terceira vez e percebeu que o caso não estava nem de longe encerrado. "Da forma como agiu", disse depois o promotor público, "acharam que Lance parecia estar fora de si."

E assim, na manhã do dia 8 de outubro, mesmo antes de o médico chegar para dar uma injeção de calmante em Lucille Miller, o escritório do xerife do condado de San Bernardino já estava tentando construir outra versão do que podia ter acontecido entre meia-noite e meia e 1h50 da madrugada. A hipótese que eles por fim apresentariam era baseada na premissa tortuosa de que Lucille Miller havia empreendido um plano que fracassara: o plano de parar o carro na estrada isolada, jogar gasolina no marido presumivelmente drogado e, com um graveto no acelerador, "dar um empurrãozinho" no Volkswagen na direção do aterro, onde ele tombaria do muro de contenção de um metro e pouco, cairia sobre os limoeiros e, era quase certo, explodiria. Se isso tivesse vingado, Lucille Miller poderia ter percorrido os três quilômetros da Carnelian à Bella Vista a tempo de estar em casa quando descobrissem o acidente. Segundo a hipótese do escritório do xerife, o plano deu errado quando o carro não passou pela elevação do aterro. Lucille Miller pode ter entrado em pânico com a situação — digamos, depois de o carro ter morrido três ou quatro vezes —, com a estrada escura lá fora, a gasolina já espalhada, os cães latindo, o vento soprando e a terrível apreensão de que um par de faróis pudesse subitamente iluminar a Banyan Street e revelar que ela estava ali — e teria ela mesma incendiado o carro.

Ainda que essa versão explicasse algumas das evidências físicas — o carro em marcha lenta, porque havia arrancado do ponto morto, as lanternas acesas porque ela não podia fazer o que precisava sem luz nenhuma, a roda traseira afundada após várias tentativas de avançar com o carro sobre o aterro, as caixas de leite na vertical porque não houve parada repentina — ela por si só não parecia mais crível ou menos crível do que a história contada por Lucille Miller. Além disso, algumas das evidências físicas pareciam corroborar a história dela: um prego no pneu dianteiro, uma pedra de quatro quilos encontrada dentro do carro, supostamente a pedra com a qual ela tinha quebrado a janela na tentativa de salvar o marido. Dentro de alguns dias, uma autópsia demonstrou que Gordon Miller estava vivo quando foi queimado, o que particularmente não contribuiu para os argumentos do Estado, e também que ele tinha quantidade suficiente de Nembutal e Sandoptal no sangue para fazer uma pessoa comum cair no sono, o que, sim, contribuiu. Por outro lado, Gordon Miller tomava habitualmente Nembutal e Fiorinal (medicamento em geral prescrito para dor de cabeça e que contém Sandoptal), e ainda por cima estava doente.

Era um caso nebuloso, e para que de algum modo seus argumentos funcionassem, o Estado teria que encontrar um motivo. Havia rumores de infelicidade, rumores de que havia outro homem. Foi esse o tipo de motivo que, nas semanas seguintes, as autoridades se propuseram a averiguar. Começaram a buscá-lo nos livros de contabilidade e nas cláusulas de indenização dupla por morte acidental e nos registros de hoteizinhos de beira de estrada; estavam decididos a investigar o que podia levar uma mulher que acreditava em todas as promessas da classe média — uma mulher que havia sido presidente da Fundação do Coração, que sempre tinha uma costureirinha razoável para indicar e que havia saído da triste e selvagem vida rural da pradaria fundamentalista em busca do que ela imaginava ser uma vida boa —, o que podia levar uma mulher assim a sentar-se numa rua chamada Bella Vista, olhar através da sua nova janela panorâmica para o sol vazio da Califórnia e planejar como iria queimar o marido vivo dentro de um Volkswagen. Encontraram a pista que buscavam mais perto do que poderiam esperar; afinal, como um testemunho iria revelar mais tarde no julgamento, parece que em dezembro de 1963 Lucille Miller tinha começado um affair com o marido de uma de suas amigas, um homem cuja filha a chamava de "tia Lucille", um homem que pode ter dado a impressão de ter um dom para pessoas, dinheiro e a vida boa de que Cork Miller visivelmente carecia. O homem era Arthwell Hayton, um conhecido advogado de San Bernardino e, na época, funcionário da promotoria pública local.

De certo modo era um affair clandestino bem típico de um lugar como San Bernardino, onde quase nada é alegre ou elegante, e onde é comum as pessoas terem o futuro extraviado e depois procurarem por ele entre os lençóis. Nas sete semanas de duração do julgamento de Lucille Miller por assassinato, o assistente do promotor público, Don A. Turner, e o advogado de defesa, Edward P. Foley, revelariam ambos uma história curiosamente previsível. Houve adulterações nos registros de hóspedes em hoteizinhos fuleiros. Os almoços, os passeios à tarde no Cadillac vermelho conversível de Arthwell Hayton. Houve discussões intermináveis com os parceiros injustiçados. Houve confidentes ("Eu sabia de tudo", Sandy Slagle insistiria furiosa. "Sabia de todas as datas, todos os lugares, tudo.") e frases que pareciam ter saído de um conto ruim de revista ("Não me beije, isso vai provocar muita coisa", Lucille Miller lembrava de ter dito a Arthwell Hayton no estacionamento do Harold's Club em Fontana, um dia depois de almoçarem) e ainda os bilhetes, as trocas de carinho: "Oi, docinho de coco! Você é meu tipo ideal! Feliz aniversário! Você não parece ter mais de 29! Do seu benzinho, Arthwell".

E, já perto do final, houve o azedume. Era 24 de abril de 1964 quando Elaine, a esposa de Arthwell Hayton, morreu subitamente, e nada de bom aconteceu depois disso. Arthwell Hayton havia ido para a ilha Catalina naquele fim de semana, passear na sua lancha, a *Captain's Lady*; ligou para casa sexta-feira às nove da noite, mas não conversou com a esposa porque Lucille Miller atendeu o telefone e disse que Elaine estava no banho. Na manhã seguinte, a filha dos Hayton encontrou a mãe na cama, morta. Os jornais trataram a morte como um acidente, talvez causado por uma alergia a laquê. Quando Arthwell Hayton voltou de Catalina para casa naquele fim de semana, Lucille Miller foi buscá-lo no aeroporto, mas o final da história já estava escrito.

Foi a partir do rompimento que o affair deixou de ser do tipo convencional e começou a se parecer com os romances de James M. Cain, com os filmes do final dos anos 1930 e com todos os sonhos em que violência, ameaças e chantagens ficam parecendo banalidades da vida de classe média. O mais surpreendente na ação que o estado da Califórnia preparava contra Lucille Miller era algo que não tinha nada a ver com a lei, algo que nunca apareceu no grid de oito colunas de manchetes vespertinas, mas que estava lá: a revelação de que o sonho estava ensinando os sonhadores a viver. Isso foi o que disse Lucille Miller ao seu amante em algum momento no início do verão de 1964, depois de ele sinalizar que, a conselho de seu pastor, não pretendia mais vê-la: "Primeiro, eu vou até esse seu pastor queridinho contar algumas coisas para ele […]. E quando eu fizer isso, garanto que você não vai mais frequentar a Igreja de Redlands […]. Olha, Sonny Boy, se você acha que sua reputação será arruinada, saiba que sua vida não valerá nem um centavo". E assim respondeu Arthwell Hayton a Lucille Miller: "Vou ao xerife Frank Bland contar algumas coisas que sei a seu respeito e você vai desejar nunca ter ouvido falar em Arthwell Hayton". É um diálogo curioso, em se tratando de um affair entre a esposa de um dentista Adventista do Sétimo Dia e um advogado Adventista do Sétimo Dia especializado em responsabilidade civil.

"Cara, eu poderia deixar esse sujeitinho entre a cruz e a espada", mais adiante Lucille Miller confidenciou a Erwin Sprengle, um empreiteiro de Riverside que era parceiro comercial da Arthwell Hayton e amigo do casal de amantes. (Amigo ou não, nessa circunstância ele tinha uma bobina de indução conectada ao telefone, para gravar a ligação de Lucille Miller.) "E não tem nada sobre mim que ele possa provar. Quero dizer, eu tenho algo concreto, ele não tem nada concreto." Na mesma conversa gravada por Erwin Sprengle, Lucille Miller mencionou uma fita que ela mesma havia gravado sub-repticiamente, meses antes, no carro de Arthwell Hayton.

"Eu disse a ele, eu disse: 'Arthwell, sinto que estou sendo usada'. […] Ele começou a chupar o dedo e disse: 'Eu te amo… Isso não começou ontem. Se pudesse eu me casaria com você amanhã. Eu não amo a Elaine'. Ele ia adorar ouvir isso agora, não é mesmo?"

"Ahããã", Sprengle respondeu com a voz arrastada na gravação. "Isso seria um pouco incriminador, não seria?"

"Só um *pouco* incriminador", Lucille Miller concordou. "É, realmente *é, sim*."

Mais adiante na gravação, Sprengle perguntou onde estava Cork Miller.

"Ele levou as crianças para a igreja."

"Você não foi?"

"Não."

"Que malcriada você."

Era tudo, além do mais, em nome do "amor"; todos os envolvidos colocaram uma fé supersticiosa na eficácia da própria palavra. Havia a importância dada por Lucille Miller ao fato de Arthwell ter dito que a "amava", e que não "amava" Elaine. Havia o fato de que Arthwell depois, no julgamento, insistiu que nunca dissera aquilo, que talvez tivesse "sussurrado meiguices tolas no ouvido dela" (a defesa de Lucille insinuava que ele as havia sussurrado em muitos ouvidos), mas ele não se lembrava de ter concedido a ela nenhuma honra especial, dizendo aquela palavra, declarando "amor". Houve a noite de verão em que Lucille Miller e Sandy Slagle seguiram Arthwell Hayton até seu novo barco no atracadouro em Newport Beach e soltaram o cabo com Arthwell a bordo, Arthwell e uma garota com quem — segundo ele disse depois, ao depor — estava bebendo chocolate quente e assistindo à televisão. "Fiz de propósito", disse Lucille Miller a Erwin Sprengle mais tarde, "para evitar que meu coração pudesse fazer uma loucura."

O dia 11 de janeiro de 1965 estava quente e radiante no sul da Califórnia, o tipo de dia em que a ilha Catalina flutua no horizonte do Pacífico, o ar cheira a flor de laranjeira e fica tudo a léguas de distância do Leste, sombrio e difícil, a léguas do frio e também do passado. Uma mulher em Hollywood passou a noite protestando em cima do capô do seu carro, para impedir que a financiadora o retomasse. Um aposentado de setenta anos passou com sua caminhonete por três salões de pôquer em Gardena, a oito quilômetros por hora, e esvaziou três pistolas e uma espingarda de calibre doze atirando pelas janelas, deixando 29 pessoas feridas. "Muitas jovens se tornam prostitutas só para ter dinheiro suficiente para jogar cartas", ele explicou em um bilhete. A sra. Nick Adams disse que "não ficou surpresa" ao ouvir o marido anunciar seus planos de divórcio no programa de rádio *Les Crane* e, mais ao norte, um garoto de dezesseis anos pulou da ponte Golden Gate e sobreviveu.

E, no tribunal do condado de San Bernardino, começava o julgamento de Miller. A multidão foi tamanha que esmagou e despedaçou as portas de vidro do tribunal e, a partir de então, foram emitidas fichas de identificação para os primeiros 43 espectadores da fila. A fila começou a se formar às seis da manhã, e universitárias acamparam no tribunal a noite toda, com estoques de biscoitos ricos em fibra e refrigerantes diet.

Tudo o que fizeram naqueles primeiros dias foi escolher um júri, mas já estava anunciada a natureza sensacionalista do caso. No início de dezembro, ocorrera um primeiro julgamento fracassado, um julgamento em que nenhuma prova foi apresentada porque, no dia da escolha do júri, o *Sun-Telegram* de San Bernardino publicou uma reportagem "confidencial" que citava a seguinte fala de Don Turner, o assistente do promotor público: "Estamos analisando as circunstâncias em que morreu a sra. Hayton. Em vista do julgamento atual sobre a morte do dr. Miller, não acho que devo comentar a morte da sra. Hayton". Parece que havia barbitúricos no sangue de Elaine Hayton e não era usual o modo como ela estava vestida na manhã em que foi encontrada

sob a coberta, morta. No entanto, na época, nenhum questionamento sobre a sua morte havia chegado ao escritório do xerife. "Acho que alguém não queria entornar mais o caldo", disse Turner mais tarde. "Eram pessoas importantes."
Embora isso não estivesse na reportagem do *Sun-Telegram*, o julgamento foi imediatamente anulado. E outra coisa aconteceu, quase ao mesmo tempo: Arthwell Hayton convocou jornalistas para uma coletiva de imprensa às onze horas de domingo, no seu escritório. Havia câmeras de televisão e disparos de flashes. "Senhores, como vocês sabem", Hayton começou a falar, forçando um tom amistoso, "muitas vezes as mulheres se apaixonam por seus médicos ou advogados. Isso não significa que, da parte do médico ou do advogado, exista algum romance com a paciente ou cliente."

"Você nega que estava tendo um caso com a sra. Miller?", um repórter perguntou.

"Nego que tenha havido qualquer tipo de romance, de minha parte."

Ele continuaria fazendo essa distinção ao longo das fatigantes semanas seguintes.

Então aquelas multidões, agora aglomeradas sob as palmeiras poeirentas do lado de fora do tribunal, tinham vindo ver Arthwell. E também tinham vindo ver Lucille, que se apresentou como uma mulher miúda e eventualmente bonita, já pálida por falta de sol, uma mulher que ia completar 35 anos antes do fim do julgamento e cujos sinais de abatimento já começavam a aparecer; uma mulher meticulosa que, contrariando a recomendação de seu advogado, insistiu em ir ao tribunal com os cabelos presos e penteados com laquê. "Eu teria ficado feliz se ela chegasse de cabelos soltos, mas Lucille não faria isso", disse o advogado dela. Ele era Edward P. Foley, um católico irlandês, baixinho e emotivo, que muitas vezes chorava na sala de audiência. "Tem uma enorme honestidade esta mulher", ele acrescentou, "mas essa honestidade em relação à sua aparência sempre a prejudicou."

Quando o julgamento começou, o visual de Lucille Miller incluía também a roupa de grávida, já que um exame oficial feito em 18 de dezembro revelara que ela estava com três meses e meio de gravidez, fato que tornou a escolha do júri ainda mais difícil do que habitualmente é, pois Turner estava pedindo a pena de morte. "É lamentável, mas é o que temos aqui", ele disse aos jurados, um por um, sobre a gravidez. E por fim foram selecionados doze integrantes — entre eles sete mulheres, a mais nova de 41 anos, uma assembleia de pessoas parecidas: donas de casa, maquinista, caminhoneiro, gerente de mercearia, secretária — com quem Lucille Miller queria tanto saber lidar.

Esse era o pecado — maior do que o adultério —, que tendia a reforçar o outro pelo qual ela estava sendo julgada. Ficou implícito, tanto na defesa quanto na acusação, que Lucille Miller era uma mulher que havia pecado, uma mulher que talvez tenha querido coisas demais. Mas, para a promotoria, ela não era apenas uma mulher que queria uma casa nova e ir a festas e acumular contas telefônicas altíssimas (1152 dólares em dez meses), mas uma mulher capaz de chegar ao extremo de assassinar o marido pelos 80 mil dólares do seguro, fazendo inclusive com que parecesse um acidente, para abocanhar outros 40 mil dólares de indenizações. Segundo Turner, ela era uma mulher que não queria apenas a sua liberdade e uma pensão alimentícia razoável (poderia ter conseguido isso, alegou a defesa, entrando com um processo de divórcio), ela queria tudo, era uma mulher movida a "amor e ganância". Uma "manipuladora". Uma "aproveitadora de pessoas".

Para Edward Foley, por outro lado, tratava-se de uma mulher impulsiva, "incapaz de controlar seu coraçãozinho tolo".

Enquanto Turner evitou falar da gravidez, Foley se estendeu no assunto, e chegou até a fazer a mãe do morto vir de Washington para testemunhar que o filho lhe havia dito que teriam outro bebê, porque Lucille achava que isso "ajudaria a trazer de volta ao lar a relação agradável que eles costumavam ter". Onde o promotor enxergava uma mulher "calculista", a defesa enxergava uma "linguaruda" e, de fato, Lucille Miller mostrou-se uma conversadora ingênua. Assim como, antes de o marido morrer, ela já tinha contado aos amigos sobre o seu caso amoroso; após a morte dele ela também falou sobre isso com o sargento que a levara presa. "É claro que Cork conviveu com isso por anos, sabe como é" — ouvia-se a voz de Lucille dizendo isso ao sargento Paterson, numa fita gravada na manhã seguinte à sua prisão. "Depois que Elaine morreu, uma noite ele ficou desesperado, me convidou pra sair e essa foi, eu acho que foi, a primeira vez que ele realmente encarou a situação." Quando o sargento perguntou por que ela tinha concordado em falar com ele, contra as instruções claras de seus advogados, Lucille Miller respondeu despreocupada: "Ah, eu sempre fui acima de tudo uma pessoa bem franca... Ou seja, posso guardar um chapéu no armário e dizer que custou dez dólares a menos, mas basicamente sempre levei a vida do jeito que eu queria, e quem não gosta pode cair fora".

A acusação insinuou que havia outros homens além de Arthwell e, apesar das objeções de Foley, conseguiu citar o nome de um deles. A defesa chamou Miller de suicida. A acusação apresentou especialistas que disseram que o incêndio do Volkswagen não podia ter sido acidental. Foley apresentou testemunhas que disseram que podia, sim. O pai de Lucille, hoje um professor de ensino médio no Oregon, citou Isaías para os repórteres: "Toda língua que se levantar contra ti em julgamento, tu a provarás culpada". "Lucille fez mal de ter esse caso" — disse a mãe dela, criteriosamente. "No caso dela era amor. Para outras pessoas acho que não passa de paixão." Debbie, a filha de catorze anos dos Miller, estava lá e testemunhou com voz firme que ela e a mãe tinham ido juntas ao supermercado comprar uma lata de gasolina, na semana anterior ao acidente. E Sandy Slagle, que vai ao tribunal todo dia, declarou que, pelo menos em uma ocasião, Lucille Miller impediu não só que o marido cometesse suicídio, como também que cometesse suicídio de maneira que pudesse parecer um acidente e, assim, garantisse o pagamento da indenização dupla. Wenche Berg, a bela governanta norueguesa de 27 anos que cuidava dos filhos de Arthwell Hayton, testemunhou que o patrão a havia orientado a não permitir que Lucille Miller visse ou falasse com as crianças.

Dois meses se arrastaram e as manchetes não cessaram. Os repórteres de polícia do sul da Califórnia ficaram todo esse tempo sediados em San Bernardino: Howard Hertel, do *L.A. Times*, Jim Bennett e Eddy Jo Bernal, do *Herald-Examiner*. Dois meses durante os quais o julgamento de Miller só foi removido da primeira página do *Examiner* pelos indicados ao Oscar e pela morte de Stan Laurel. E, finalmente, em 2 de março, depois de Turner reiterar que se tratava de um caso de "amor e ganância", e Foley protestar por julgarem sua cliente por adultério, o caso foi levado ao júri.

Trouxeram o veredito, culpada de homicídio em primeiro grau, às 16h50 do dia 5 de março. "Ela não fez isso", Debbie Miller gritava, saltando da seção dos espectadores. "Ela não *fez* isso." Sandy Slagle desabou na cadeira e começou a gritar. "Sandy, pelo amor de Deus, *não faça isso*", disse Lucille Miller numa voz que atravessou a sala de audiência, e Sandy Slagle se conteve momentaneamente. Mas quando os jurados saíram da sala, ela voltou a gritar: "Vocês são assassinos. Cada um de vocês é um *assassino*". Então os delegados a serviço do xerife se instalaram na sala, todos com gravatas de caubói que diziam

"RODEIO DO XERIFE 1965"; e o pai de Lucille Miller, aquele professor de ensino médio de semblante triste que acreditava na palavra de Cristo e nos perigos de querer descobrir o mundo, soprou um beijo para ela com a ponta dos dedos.

A penitenciária feminina em Frontera, Califórnia, onde Lucille está agora, fica situada no ponto em que a Euclid Avenue vira uma estrada rural, não muito longe de onde ela morava, fazia compras e organizava o baile da Fundação do Coração. O gado pasta do outro lado da estrada e aspersores irrigam a alfafa. Frontera tem um campo de softball e quadras de tênis, parece uma área que poderia pertencer a uma faculdade da Califórnia, exceto pelo fato de que as árvores ainda não são altas o suficiente para ocultar o arame de concertina no topo da cerca também aramada. Nos dias de visita, o estacionamento fica repleto de carrões — Buicks e Pontiacs que pertencem a avós, irmãs e pais (não muitos pertencem a maridos) —, e alguns deles têm um adesivo no para-choque que diz "APOIE A POLÍCIA LOCAL".

Muitas assassinas da Califórnia vivem aqui, muitas garotas que por alguma razão entenderam mal a promessa. Don Turner mandou Sandra Garner para cá (e seu marido para a câmara de gás de San Quentin) após os assassinatos de 1959 no deserto, chamados pelos repórteres policiais de "os assassinos do refrigerante". Carole Tregoff está aqui desde que foi condenada por tramar o assassinato da mulher do dr. Finch em West Covina, que não fica muito longe de San Bernardino. De fato, Carole Tregoff é auxiliar de enfermagem no hospital da prisão e poderia ter acompanhado o parto do bebê de Lucille Miller se ele tivesse nascido em Frontera. No entanto, Lucille Miller optou por tê-lo fora da prisão, e pagou pelo carcereiro que ficou à porta da sala de parto no Hospital San Bernardine. Debbie Miller foi buscar o bebê para levá-lo para casa, de vestido branco com fitas cor-de-rosa, e a ela foi permitido escolher o nome. Decidiu que se chamaria Kimi Kai. As crianças agora moram com Harold e Joan Lance, porque Lucille Miller provavelmente passará dez anos em Frontera. Don Turner renunciou à sua petição original de pena de morte (havia um consenso de que ele só havia pedido isso para, nas palavras de Edward Foley, "afastar do tribunal do júri qualquer pessoa que tivesse um traço mínimo de bondade humana correndo nas veias") e se conformou com a prisão perpétua com possível liberdade condicional. Lucille Miller não gosta de Frontera e teve problemas de adaptação. "Ela vai ter que aprender a ter humildade", diz Turner. "Vai ter que usar sua capacidade de seduzir e manipular."

Agora a casa nova está vazia, a casa cuja rua tem o seguinte letreiro:

RUA PARTICULAR
BELLA VISTA
SEM SAÍDA

Os Miller nunca cuidaram do jardim, e agora as ervas daninhas se acumulam nas cavidades do muro de pedras. A antena da televisão caiu no telhado e uma lata de lixo está cheia de entulhos da vida familiar: uma mala barata, um jogo infantil chamado Detector de Mentiras. Há uma placa onde um dia deve ter sido o gramado, que diz: "LIQUIDAÇÃO DE BENS". Edward Foley está tentando um recurso no caso de Lucille Miller, mas tem havido atrasos. "No fim, um julgamento se resume a uma questão de simpatia", diz Foley, exausto. "Eu não consegui ter simpatia por ela." Todo mundo está um pouco cansado agora, cansado e resignado; todo mundo, exceto Sandy Slagle, cujo amargor continua inabalável. Ela mora em um apartamento perto da faculdade de medicina em Loma Linda, e estuda as reportagens sobre o caso publicadas nas revistas *True Police*

Cases e *Official Detective Stories*. "Eu preferiria não falar muito sobre a questão da Hayton", ela diz aos visitantes, mantendo um gravador ligado. "Prefiro falar sobre Lucille, falar que ela é uma pessoa maravilhosa e que teve seus direitos violados." Já Harold Lance não conversa com nenhuma visita. "Não queremos dar o que podemos vender", explica gentilmente. Ele chegou a tentar vender informações pessoais de Lucille Miller para a *Life*, mas a *Life* não quis comprar. Na promotoria pública, estão ocupados com outros assassinatos agora e não entendem por que o julgamento de Miller chamou tanta atenção. "Não foi um assassinato tão interessante, em comparação com outros", diz Don Turner, laconicamente. A morte de Elaine Hayton não está mais sendo investigada. "Sabemos tudo o que queremos saber", diz Turner.

O escritório de Arthwell Hayton fica bem embaixo do de Edward Foley. Algumas pessoas nas cercanias de San Bernardino dizem que Arthwell Hayton sofreu, outras dizem que não sofreu nada. Talvez ele não tenha sofrido, pois — na terra de ouro, onde todos os dias o mundo nasce outra vez — acredita-se que os tempos passados não tenham nenhuma influência sobre o presente ou o futuro. Em todo caso, no dia 17 de outubro de 1965, Arthwell Hayton se casou novamente, com a bela governanta de seus filhos, Wenche Berg, em uma cerimônia na Capela das Rosas, que fica numa vila de aposentados perto de Riverside. Em seguida, os recém-casados receberam os cumprimentos na recepção para 75 pessoas, na sala de jantar do Rose Garden Village. O noivo usava black-tie e um cravo branco na lapela. A noiva, com um longo vestido branco *peau de soie*, carregava um buquê de botões de rosa e jasmins-de-madagascar. Uma grinalda de perolazinhas sustentava seu véu de ilusões.

1966

John Wayne: Uma canção de amor

No verão de 1943, quando eu tinha oito anos, meu pai, minha mãe, meu irmão mais novo e eu vivíamos na base aérea de Peterson, em Colorado Springs. Uma ventania quente soprou ao longo daquele verão, soprou tanto que parecia que antes do fim de agosto toda a poeira do Kansas estaria no Colorado, passaria sem rumo sobre a manta asfáltica do quartel e a pista de pouso temporária, e não ia parar até colidir com o Pico Pikes. Num verão assim, não havia muito o que fazer: houve o dia em que levaram até lá o primeiro B-29, um acontecimento memorável, mas nada próximo de um programa de férias. A base tinha o Clube dos Oficiais, mas não tinha piscina; tudo que havia de interessante no Clube dos Oficiais era uma chuva azul artificial que caía atrás do bar. Era um passatempo de que eu gostava bastante, mas não dava para passar o verão vendo a chuva cair, então meu irmão e eu íamos ao cinema.

Três ou quatro tardes por semana, nos sentávamos em cadeiras dobráveis no escuro do barracão Quonset, que era usado como teatro, e foi lá, naquele verão de 1943, enquanto o vento quente soprava do lado de fora, que vi John Wayne pela primeira vez. Vi o seu caminhar, ouvi a sua voz. Ouvi ele dizer a uma garota, num filme chamado *Quando a mulher se atreve*, que construiria uma casa para ela "na dobra do rio onde crescem os álamos". Na verdade, eu não cresci para ser uma mulher do tipo heroína de filme de faroeste, e embora os homens que conheci fossem cheios de virtudes e tenham me levado para viver em lugares que amei, eles nunca foram John Wayne, nunca me levaram a essa dobra do rio onde crescem os álamos. Bem no fundo do pedaço do meu coração onde a chuva artificial cai para sempre, esta segue sendo a frase que espero ouvir.

Não digo isso no espírito de fazer revelações pessoais, tampouco para exercitar a memória fotográfica, mas simplesmente para demonstrar que quando John Wayne passou pela minha infância, e talvez pela sua, ele definiu para sempre a forma de alguns dos nossos sonhos. Não parecia possível que um homem como ele pudesse adoecer, pudesse carregar dentro de si a mais inexplicável e incontrolável das doenças. O boato disparou uma ansiedade obscura, colocando em dúvida a própria infância de cada um de nós. No mundo de John Wayne, era esperado que John Wayne desse as ordens. "Vamos cavalgar", ele disse, e "Ponha a sela". "Avante" e "Um homem tem que fazer o que ele tem que fazer". "Olá, você", ele disse quando viu a garota pela primeira vez, em um canteiro de obras ou no trem ou simplesmente plantada na varanda da frente esperando alguém surgir do meio da grama alta. Quando John Wayne falava, suas intenções eram inconfundíveis; ele tinha uma autoridade sexual tão forte que até uma criança era capaz de percebê-la. E em um mundo que logo entendemos que se caracteriza pela corrupção, pelas dúvidas e pelas ambiguidades paralisantes, ele sugeria um outro mundo, que talvez tenha existido, talvez não, mas que de qualquer maneira não existia mais: um lugar onde um homem podia se mover livremente, criar seus próprios códigos e viver de acordo com eles; um mundo em que, se um homem fizesse o que tinha que fazer, ele um dia poderia pegar a sua garota e cavalgar pelos vales escarpados em liberdade, e não ficar preso em um hospital com algo de errado dentro do corpo, não numa cama alta cercado por flores e medicamentos e sorrisos forçados, mas lá na dobra do rio cristalino, com os álamos reluzindo sob o sol do início da manhã.

"Olá, você." De onde vinha aquele homem, antes de sair da grama alta? Até a história dele parecia ser a correta, pois não havia história nenhuma, nada que se intrometesse no sonho. Nascido Marion Morrison em Winterset, Iowa, era filho de um farmacêutico. Quando criança, mudou-se para Lancaster, Califórnia, fazendo parte da migração para a terra prometida, às vezes chamada de "costa oeste de Iowa". Não que Lancaster fosse uma promessa cumprida; era uma cidade no Mojave onde sopravam ventos de areia. Mas ainda assim Lancaster era a Califórnia, e faltava apenas um ano para estar em Glendale, onde a desolação tinha um sabor diferente: paninhos para proteger o encosto de poltronas entre os pomares de laranjas, um prelúdio da classe média para chegar a Forest Lawn. Imagine Marion Morrison em Glendale. Um escoteiro, depois um aluno da escola local. Um bote para a Universidade do Sul da Califórnia, um membro da Fraternidade Internacional Sigma Chi. Férias de verão, um trabalho remanejando cenários no antigo estúdio da Fox. Lá, conheceu John Ford, um dos vários diretores que perceberiam que, naquele molde perfeito, era possível verter os anseios inarticulados de uma nação onde todos se perguntavam em que passo exatamente haviam perdido o caminho. "Porra", disse Raoul Walsh depois, "o filho da puta era um pedaço de homem." E não demorou para que o garoto de Glendale se tornasse uma estrela. Ele não virou ator, e sempre teve o cuidado de esclarecer isso aos jornalistas ("Quantas vezes tenho que lhe dizer, eu não represento, eu reajo"), mas virou uma estrela, e uma estrela chamada John Wayne passaria a maior parte do resto de sua vida com algum daqueles diretores, em alguma locação abandonada, em busca do sonho.

Out where the skies are a trifle bluer
Out where friendship's a little truer
That's where the West begins.*

Nada de muito ruim poderia acontecer naquele sonho, nada que um homem não pudesse enfrentar. Mas algo aconteceu. Lá estava: primeiro o boato, depois de um tempo as manchetes. "Dei uma surra no Grande C", anunciou John Wayne, à maneira de John Wayne, reduzindo as células invasoras ao nível de qualquer outro invasor, mas ainda assim todos nos demos conta de que aquele seria o único confronto imprevisível, o único tiroteio em que Wayne poderia sair perdendo. Tenho tantos problemas quanto qualquer um em relação à ilusão e à realidade, de modo que eu não tinha muita vontade de ver o John Wayne num momento em que ele (pelo menos eu achava) devia enfrentar esse problema de modo privado; mas fui vê-lo, no México, quando ele estava fazendo o filme que a doença havia adiado por tanto tempo, justamente no país do sonho.

Era o 165º filme que John Wayne fazia. Era o 84º de Henry Hathaway. Era o 34º de Dean Martin, que trabalhava para cumprir um antigo contrato com Hal Wallis, que por sua vez fazia sua 65ª produção independente. Chamava-se *Os filhos de Katie Elder* e era um filme de faroeste; depois de três meses de atraso tinham finalmente terminado de gravar as externas em Durango e estavam agora em dias menos intensos, rodando as cenas internas nos estúdios Churubusco, nos arredores da Cidade do México, e o sol estava forte, o ar límpido e era a hora do almoço. Os garotos da equipe de filmagem mexicana chupavam

---

* Trecho do poema "Out Where the West Begins" (1917), de Arthur Chapman: "Onde o céu tem mais azul/ E a amizade mais verdade/ É lá que começa o Oeste". [Esta e as demais notas são da tradutora.]

caramelos debaixo das aroeiras, e alguns caras da equipe técnica sentavam-se num lugar à beira da estrada que servia lagosta recheada e um copo de tequila por um dólar americano, mas era na cavernosa e vazia cantina do estúdio que os talentos da casa repousavam, os objetos da minha observação, todos sentados ao redor de uma grande mesa, beliscando *huevos con queso* e tomando cerveja Carta Blanca. Dean Martin, com a barba por fazer. Mack Gray, que sempre vai atrás de Martin. Bob Goodfried, que era o responsável pela publicidade da Paramount, viajara até lá para providenciar um trailer e tinha um estômago delicado. "Chá e torradas", ele não parava de repetir, "esta é a saída, não se pode confiar na alface." E Henry Hathaway, o diretor, que não parecia estar ouvindo o que Goodfried dizia. E John Wayne, que não parecia estar ouvindo ninguém.

"Esta semana está devagar", disse Dean Martin pela terceira vez.

"Como é que você diz isso?", Mack Gray questionou.

"*Esta... semana... está... devagar*, é assim que eu digo."

"Você não quer que acabe logo, quer?"

"Vou dizer bem claramente, Mack, quero que *acabe*. Amanhã à noite faço a barba, vou pro aeroporto e digo: *Adiós, amigos! Bye-bye, muchachos!*"

Henry Hathaway acendeu um charuto e deu um tapinha carinhoso no braço de Martin. "Amanhã não, Dino."

"Henry, o que você está planejando acrescentar? Uma guerra mundial?"

Hathaway apalpou novamente o braço de Martin e ficou contemplando o entorno. Na ponta da mesa alguém mencionou um sujeito que, alguns anos antes, havia tentado sem sucesso explodir um avião.

"Ele ainda está na cadeia", disse Hathaway de repente.

"Na cadeia?", Martin perguntou, distraindo-se momentaneamente da questão sobre o que fazer com seus tacos de golfe, se os mandaria de volta com Bob Goodfried ou os confiaria a Mack Gray. "Mas por que ele está na cadeia se ninguém morreu?"

"Tentativa de assassinato, Dino", Hathaway respondeu gentilmente. "Um crime grave."

"Você quer dizer que se um cara apenas *tenta* me matar ele vai preso?"

Hathaway tirou o charuto da boca e olhou do outro lado da mesa. "Se um cara tentasse *me* matar, ele não iria preso. E você o que diz, Duke?"

Lentamente, o destinatário da pergunta de Hathaway limpou a boca, empurrou sua cadeira para trás e se levantou. Era ele de verdade, autêntico e genuíno, aquele movimento que no passado representara o clímax de milhares de cenas em 165 fronteiras pouco luminosas e campos de batalha fantasmagóricos, e que também estava prestes a constituir o clímax dessa cena de agora, na cantina dos estúdios Churubusco nos arredores da Cidade do México. "Pois bem", John Wayne respondeu. "Eu mataria o cara."

Quase todo o elenco de *Katie Elder* tinha voltado para casa na semana anterior; ficaram apenas os mais importantes: Wayne, Martin, Earl Holliman, Michael Anderson Jr. e Martha Hyer. Martha Hyer não ficava muito por perto, mas volta e meia alguém se referia a ela, em geral como "a garota". Eles tinham passado nove semanas juntos, seis delas em Durango. A Cidade do México não era exatamente Durango; e as esposas gostam de acompanhar os maridos em lugares como a Cidade do México, gostam de comprar bolsas, ir às festas de Merle Oberon Pagliai, ver os quadros na casa dela. Mas Durango... O próprio nome era alucinante. Território dos homens. É lá que começa o Oeste. Havia árvores ahuehuete em Durango; uma cachoeira, cascavéis. Teve a questão do clima, noites tão frias que chegaram a adiar uma ou duas externas, até poderem passá-las para dentro do estúdio em Churubusco. "Por causa da garota", eles explicavam. "Não dava para deixar a garota do lado de fora naquele frio." Henry Hathaway tinha cozinhado em Durango, gaspacho, costelas e os bifes que Dean Martin tinha mandado vir de avião desde Sands; ele queria cozinhar na Cidade do México, mas a gerência do Hotel Bamer não permitiu que ele montasse uma churrasqueira de tijolos em seu quarto. "Você vai perder uma coisa incrível, *Durango*", eles diziam, às vezes brincando, às vezes não, até que a frase virou um bordão, o Éden perdido.

Mas se a Cidade do México não era Durango, também não era Beverly Hills. Ninguém mais estava usando os estúdios Churubusco naquela semana, então, lá dentro do grande set cuja porta dizia LOS HIJOS DE KATIE ELDER, tendo as aroeiras e o sol brilhando do lado de fora, enquanto durasse aquela produção eles ainda podiam manter um mundo peculiar para os homens que gostam de fazer filmes de faroeste, um mundo de lealdades e zombarias amigáveis, de sentimentos e charutos compartilhados, de intermináveis recordações aleatórias, de conversas como as dos acampamentos juvenis; e o único propósito era manter elevada a voz humana, combatendo a noite, o vento, o farfalhar do mato.

"Uma vez, por acidente, um dublê levou uma pancada num filme meu", disse Hathaway entre as tomadas de uma cena de luta detalhadamente coreografada. "Como é que ele se chamava? Casou com a Estelle Taylor, se conheceram no Arizona."

O círculo se fechou ao redor dele, entre os dedos vários charutos. A arte delicada da luta encenada era de admirar.

"Eu só bati em um cara na minha vida", Wayne comentou. "Acidentalmente, quero dizer. Esse cara era Mike Mazurki."

"Esse cara. Ei, o Duke está dizendo que só bateu em um cara na vida, Mike Mazurki."

"Que escolha!" Murmúrios, aprovações.
"Não foi uma escolha, foi um acidente."
"Posso acreditar."
"Garanto."
"Putz, cara. Mike Mazurki."

E assim continuariam. Estava lá Web Overlander, maquiador de Wayne havia vinte anos, encurvado dentro de uma parca azul, distribuindo tirinhas de chiclete Juicy Fruit. "Spray de insetos", ele dizia. "Nem venha nos falar de spray de insetos. A gente viu spray de insetos na África, o.k.? Lembra da África?", ou então "Amêijoas no *vapor*? Nem fale de amêijoas no vapor. Nos entupimos delas durante a turnê de lançamento de *Hatari!* Lembra do Bookbinder's?". E lá estava também Ralph Volkie, preparador físico de Wayne por onze anos, de boné de beisebol vermelho, trazendo na mão o recorte de uma coluna de jornal em que Hedda Hooper homenageava Wayne. "Essa Hopper é uma dama", ele repetiu várias vezes. "Não é como aqueles caras que só escrevem que ele está doente, doente e doente. Como podem chamá-lo de *doente* se ele tem dores, tem tosse, trabalha o dia inteiro e *nunca reclama*? O soco dele é o melhor desde Dempsey, não está *doente*."

E lá estava o próprio Wayne, lutando pelo filme número 165. Wayne, com suas esporas de 33 anos, seu lenço empoeirado no pescoço, sua camisa azul. "Não é preciso se preocupar muito com a roupa para essas coisas", ele disse. "Você pode vestir uma camisa azul ou, se estiver no Vale dos Monumentos, uma camisa amarela." Lá estava Wayne, com um chapéu relativamente novo, um chapéu que o deixava curiosamente parecido com William S. Hart. "Tinha um velho chapéu de caubói que eu amava, mas que emprestei para Sammy Davis. Quando peguei de volta, não dava para usar. Acho que deviam ficar batendo na cabeça dele e dizendo 'Vai, *John Wayne*', sabe como é, de brincadeira."

Lá estava Wayne, trabalhando desde cedo, terminando a cena com um resfriado forte e uma tosse intensa, tão cansado no fim da tarde que mantinha um inalador de oxigênio no set. E apesar disso nada além do Código importava. "Aquele cara", murmurou referindo-se a um repórter que lhe havia caído mal. "Admito que estou ficando careca, admito que tenho pneu na cintura. Que homem de 57 anos não tem? Grande novidade. Enfim, aquele cara..."

Ele fez uma pausa, estava a ponto de expor o cerne da questão, a raiz da reprovação, a quebra das regras que o incomodaram mais do que as supostas citações equivocadas, mais do que a insinuação de que ele não era mais o Ringo Kid. "Ele vem até aqui sem ser convidado, mas ainda assim o convido a ficar. Então sentamos pra tomar um mescal servido numa jarra de água."

Ele fez outra pausa e olhou seriamente para Hathaway, preparando-o para o inesperado desenlace. "Ele precisou de *ajuda* para chegar até o quarto."

Discutiram as virtudes dos boxeadores profissionais, discutiram o preço do uísque J&B em pesos mexicanos. Discutiram sobre os diálogos.

"Por mais rude que seja o cara, Henry, ainda não acredito que ele rifaria a *Bíblia* da própria mãe."

"Gosto de histórias bombásticas, Duke."

Ficaram contando piadas intermináveis ao fim da refeição. "Sabe por que chamam isso de molho da memória?", Martin perguntou, segurando uma tigela de chilli.

"Por quê?"

"Porque *na manhã seguinte você se lembra dele.*"

"Ouviu isso, Duke? Ouviu por que chamam isso de molho da memória?"

Deleitavam-se entre eles, marcando quadro a quadro as variações na cena da brigalhada geral, que é sempre um atrativo dos filmes de Wayne. Às vezes justificável e outras totalmente gratuita, o filme tinha que ter essa sequência de briga porque todos adoravam fazê-la. "Olha só... Isso vai ser hilário. Duke segura o garoto e depois precisam vir Dino e Earl para ajudar a botar ele para fora. *Que tal?*"

Comunicavam-se compartilhando piadas velhas; selavam a camaradagem zombando, de um jeito antiquado e sutil, das suas mulheres; aquelas civilizadoras, aquelas domadoras. "Então a Senõra Wayne decide que vai ficar acordada e beber um conhaque. E aí o resto da noite sou eu dizendo 'Verdade, Pilar, você está certa, amor. Sou um pavor, Pilar, tem razão, sou impossível'."

"Ouviu isso? Duke disse que Pilar jogou uma mesa em cima dele."

"Ei, Duke, olha que divertido! Vai no médico e pede pra enfaixar o dedo que você machucou hoje. De noite em casa você mostra pra Pilar e diz que ela fez isso quando arremessou a mesa. Deixa ela pensar que fez uma grande encenação."

Entre eles, tratavam os mais velhos com respeito, os mais novos com carinho.

"Estão vendo este garoto?", disseram sobre Michael Anderson Jr. "Que garoto!"

"Ele não atua, sai tudo direto do coração", disse Hathaway, batendo no próprio coração.

"Ei, garoto", disse Martin. "Você vai estar no meu próximo filme. Vai ser função completa, sem barba. As camisas listradas, as garotas, o som hi-fi, a técnica da luz nos olhos."

Encomendaram uma cadeira exclusiva para Michael Anderson, atrás dela estava escrito "BIG MIKE". Quando ele chegou ao set, Hathaway lhe deu um abraço. "Viu isso?", Anderson perguntou a Wayne, intimidado demais para olhar nos olhos dele. Wayne lhe devolveu um sorriso, um aceno, uma honraria final. "Eu vi, garoto."

***

Na manhã do dia em que iam terminar *Katie Elder*, Web Overlander apareceu vestindo um blazer azul, em vez de sua parca. "Para casa, mama", ele disse, distribuindo o último Juicy Fruit. "Já estou vestido para ir embora." Mas ele estava moribundo. Ao meio-dia, a esposa de Henry Hathaway passou pela cantina para dizer ao marido que talvez ela pegasse um avião para Acapulco. "Vá em frente", ele respondeu. "Quando acabar aqui, tudo o que vou fazer é tomar Seconal até ficar quase à beira do suicídio." Todos estavam moribundos. Depois que a sra. Hathaway foi embora, houve tentativas preguiçosas de rememorar velhas histórias, mas o território dos homens vinha se dissipando rapidamente. Eles já estavam a meio caminho de casa e tudo que conseguiram evocar foi o incêndio de Bel Air em 1961, durante o qual Henry Hathaway ordenara que a brigada de incêndio de Los Angeles se retirasse de sua propriedade e tinha ele mesmo salvado a casa, entre outras medidas, jogando tudo que era inflamável na piscina. "Pode ser que aqueles bombeiros tenham apenas desistido", disse Wayne. "Tenham apenas deixado o fogo se alastrar." Na verdade, essa era uma boa história, que incorporava alguns dos temas favoritos deles, mas era uma história de Bel Air, não de Durango.

No início da tarde começaram a última cena e, embora tenham passado o máximo de tempo possível trabalhando em sua estrutura, finalmente chegou o momento em que não havia nada a fazer a não ser filmá-la. "Segunda equipe fora, primeira equipe dentro, *portas fechadas*", o assistente de direção gritou pela última vez. Os dublês saíram do set, John Wayne e Martha Hyer entraram. "Muito bem, rapazes, *silêncio*, isto é um filme." Fizeram duas tomadas. A garota ofereceu duas vezes a Bíblia despedaçada a John Wayne. John Wayne duas vezes disse a ela: "Vou a muitos lugares em que isso aí não se encaixaria". Todos estavam bem quietos. E às duas e meia da tarde daquela sexta-feira Henry Hathaway se afastou da câmera e, no silêncio que se seguiu, apagou seu charuto num balde de areia. "Pronto", ele disse. "É isso aí."

Desde aquele verão de 1943, eu havia pensado em John de várias maneiras. Tinha pensado nele trazendo gado do Texas, aterrissando com aviões de um só motor, dizendo para a garota de *O Álamo* que "República é uma palavra bonita". Nunca tinha pensado nele e em sua família jantando comigo e com meu marido num restaurante caro no Bosque de Chapultepec, mas o tempo traz mutações estranhas e lá estávamos nós, numa noite daquela última semana no México. Por um tempo, foi somente uma noite agradável, uma noite qualquer. Bebemos muito e eu perdi a sensação de que aquele rosto do outro lado da mesa era, em certos sentidos, mais familiar do que o do meu marido.
 E então algo aconteceu. De repente, a sala parecia submersa no sonho, e eu não sabia por quê. Do nada apareceram três homens, tocando violão. Pilar Wayne inclinou-se um pouco para a frente e John Wayne ergueu o copo quase imperceptivelmente em direção a ela. "Vamos precisar de um Pouilly-Fuissé para o resto da mesa", disse Wayne. "E de um pouco de Bordeaux tinto para o Duke." Todos sorrimos e tomamos o Pouilly-Fuissé para o resto da mesa e o Bordeaux tinto para o Duke, e o tempo todo os homens com os violões continuaram tocando, até que enfim me dei conta do que eles estavam tocando, do que tocaram o tempo todo: "The Red River Valley" e toda a trilha de *Um fio de esperança*. Não acertaram bem o ritmo, mas ainda hoje posso ouvi-los, em outro país e tanto tempo depois, enquanto conto isso para vocês.

1965

Onde as saudações não cessam

No exterior do fórum do condado de Monterey, em Salinas, Califórnia, as decorações de Natal do Downtown Merchants brilhavam à luz tênue do sol, que no inverno faz a alface crescer. No interior a multidão piscava inquieta sob as luzes ofuscantes da televisão. Tratava-se de uma reunião do Conselho Supervisor do Condado de Monterey, e a questão, nessa tarde morna antes do Natal de 1965, era se uma pequena escola no Vale de Carmel, o Instituto para Estudos da Não Violência, pertencente à srta. Joan Baez, tinha ou não violado a Seção 32-C do Código de Zoneamento do Condado de Monterey, que proíbe o uso da terra quando este for "prejudicial à paz, à moral ou ao bem-estar geral do condado de Monterey". A sra. Gerald Petkuss, que morava em frente à escola, colocou o problema de outra maneira. "Nos perguntamos que tipo de gente iria para uma escola como essa", ela questionou bem no início da controvérsia. "E por que essas pessoas não estão trabalhando e ganhando dinheiro."

A sra. Petkuss era uma enfermeira escolar jovem e roliça, que tinha um senso de determinação confuso. Ela foi até a tribuna usando um vestido de tricô rosa-suspiro para dizer que tinha sido atormentada por "pessoas associadas à srta. Baez que vinham perguntar onde era o lugar, embora soubessem perfeitamente *bem* onde era; lembro que um senhor tinha barba".

"Bem, eu não me *importo*", a sra. Petkuss chorou quando alguém na primeira fileira deu uma risadinha. "Tenho três filhos pequenos, isso é uma grande responsabilidade, e não quero me preocupar com..." A sra. Petkuss fez uma pausa suave. "Com quem está por perto."

A audiência durou das duas da tarde às sete e quinze da noite, cinco horas e quinze minutos de democracia participativa, durante as quais foi sugerido, por um lado, que o Conselho Supervisor do Condado de Monterey estava transformando nosso país na Alemanha nazista e, por outro, que a presença da srta. Baez e seus quinze alunos no Vale de Carmel iria gerar manifestações "estilo Berkeley", desmoralizar os aprendizes na base militar de Fort Ord, paralisar os comboios do Exército que usavam a estrada do Vale de Carmel e levar à queda brusca o valor dos imóveis por todo o condado. "Francamente, não consigo conceber que alguém possa adquirir um imóvel perto de uma operação desse tipo", declarou o marido da sra. Petkuss, que é veterinário. O dr. e a sra. Petkuss, esta quase chorando, disseram estar particularmente ofendidos com a presença da srta. Baez na propriedade dela nos fins de semana. Parece que ela não ficava sempre dentro de casa. Também sentava-se sob as árvores e caminhava pelo terreno.

"A gente não começa antes de uma da tarde", alguém da escola objetou. "Mesmo que fizéssemos barulho, o que não é verdade, os Petkuss poderiam dormir até uma da tarde, não vejo qual o problema."

O advogado dos Petkuss deu um pulo. "O *problema* é que os Petkuss têm uma piscina muito bonita; eles gostariam de receber convidados nos fins de semana, de usar a piscina."

"Eles teriam que subir numa mesa para ver a escola."

"E eles sobem mesmo", gritou uma jovem que já havia indicado sua aprovação à srta. Baez ao ler em voz alta para os supervisores uma passagem de *Sobre a liberdade*, de John Stuart Mill. "Usam lunetas e tudo."

"Isso *não* é verdade", respondeu afiada a sra. Petkuss. "Vemos a escola pelas janelas de três quartos e pela janela da sala de estar, é a única direção que temos pra *olhar*."

A srta. Baez ficou sentada imóvel na primeira fila. Estava de vestido azul-marinho de manga comprida com gola e punhos de renda irlandesa e mantinha as mãos cruzadas no colo. Sua aparência é extraordinária, muito mais do que sugerem as fotografias, pois a câmera parece realçar as suas feições indígenas e falha em registrar tanto a fineza e a clareza de seus ossos e de seus olhos quanto — as características mais marcantes — sua absoluta franqueza e ausência de malícia. Ela tem um estilo bem natural, típico de uma dama. "Escória", assobiou um velho de gravata-borboleta com clipe, que se identificou como "um veterano de duas guerras" e que é figura recorrente nas reuniões desse tipo. "*Spaniel.*" Ele parecia se referir ao comprimento dos cabelos da srta. Baez e estava tentando chamar a atenção batendo com a bengala, mas os olhos dela não se dispersavam da tribuna. Depois de um tempo ela se levantou e permaneceu de pé até a sala ficar totalmente silenciosa. Seus oponentes se sentaram, tensos, prontos para rebater qualquer defesa que ela planejasse fazer da sua política, da sua escola, da barba, das manifestações "estilo Berkeley" e da desordem em geral.

"Todo mundo está falando das suas casas de quarenta, cinquenta mil dólares e do valor dos imóveis caindo", ela por fim falou, em voz baixa e pausada, fitando tranquilamente os supervisores. "Gostaria apenas de dizer uma coisa. Tenho mais de *cem mil* dólares investidos no Vale de Carmel e também me interessa proteger minha propriedade." Em seguida, a dona da propriedade deu um sorriso falso para o dr. e a sra. Petkuss, e sentou-se em meio a um silêncio absoluto.

Ela é uma garota interessante, uma garota que poderia ter interessado Henry James, na época em que ele criou Verena

Tarrant, de *Os bostonianos*. Joan Baez cresceu nos bosques mais evangelizadores da classe média, filha de um professor de física quacre, neta de dois pastores protestantes, por parte de mãe um episcopal inglês-escocês, por parte de pai um metodista mexicano. Ela nasceu em Staten Island, mas foi criada na periferia de comunidades acadêmicas por todo o país; até encontrar Carmel, ela não tinha realmente vindo de algum lugar. Quando chegou a hora de ir para o ensino médio, seu pai lecionava em Stanford, então ela foi estudar na Palo Alto High School, onde aprendeu sozinha "House of the Rising Sun" em um violão Sears-Roebuck, tentou alcançar um vibrato batendo na garganta com o dedo e ganhou as manchetes ao se recusar a sair da escola durante uma simulação de bombardeio. Quando chegou a hora de ir para a faculdade, seu pai estava no MIT e em Harvard, então ela foi por um mês para a Universidade de Boston, depois desistiu, e por muito tempo cantou em cafés perto da Harvard Square. Ela não gostava muito da vida na Harvard Square ("Ficam todos deitados nas almofadas, só fumando maconha e fazendo imbecilidades", disse a neta dos pastores sobre seus conhecidos de lá), mas ainda não conhecia outra vida.

 No verão de 1959, uma amiga a levou para o primeiro Festival de Folk de Newport. Ela chegou a Newport num Cadillac funerário, com "JOAN BAEZ" pintado na lateral, cantou algumas músicas para 13 mil pessoas, e lá estava a nova vida. Seu primeiro álbum vendeu mais cópias do que qualquer outra cantora de folk já havia vendido na história do vinil. No final de 1961, a Vanguard lançou seu segundo álbum, e as vendas totais só ficaram abaixo das vendas de Harry Belafonte, Kingston Trio e Weavers. Ela terminou sua primeira grande turnê, fez um concerto no Carnegie Hall que dois meses antes já estava esgotado e recusou 100 mil dólares para fazer outros shows, porque queria trabalhar apenas alguns meses por ano.

Ela era a garota certa na hora certa. Tinha apenas um pequeno repertório de cantigas infantis ("O que a Joanie ainda está fazendo com essa Mary Hamilton?", Bob Dylan diria preocupado), nunca treinou o soprano puro e irritou alguns puristas porque era indiferente à origem do que cantava e era tudo "triste". Mas ela entrou na crista da onda do folk. Alcançava o público de uma maneira que nem os puristas nem os cantores de folk mais comerciais conseguiam fazer. Se o interesse dela não era o dinheiro, tampouco era exatamente a música: em vez disso, estava interessada em algo que se instaurava entre ela e o público. "Pra mim, o tipo de relacionamento mais fácil é com 10 mil pessoas", dizia. "O mais difícil é com uma só."

Joan Baez não queria, naquele momento nem nunca, entreter; queria comover as pessoas, estabelecer com elas alguma comunhão de emoções. No final de 1963, ela havia encontrado, nos movimentos de protesto, algo em que focalizar a emoção. Foi até o Sul. Cantou em faculdades negras e estava sempre onde quer que estivesse a barricada: Selma, Montgomery, Birmingham. Cantou no Lincoln Memorial depois da Marcha sobre Washington. Disse ao Serviço de Receitas Internas do governo (IRS) que não pretendia pagar os 60% de seu imposto de renda que, segundo seus cálculos, iria para o Departamento de Defesa americano. Tornou-se a voz do protesto, embora sempre mantivesse uma distância curiosa dos momentos mais ambíguos do movimento. ("Passado um tempo, fiquei bem cansada dessas marchas pelo Sul", ela diria mais tarde. "Esses grandes artistas alugando pequenas aeronaves e indo até lá, cerca de 35 mil pessoas na cidade.") Ela havia gravado só uma meia dúzia de álbuns, mas tinha visto seu rosto estampar a capa da *Time*. Tinha apenas 22 anos.

Joan Baez era uma personalidade antes de ser unicamente uma pessoa e, como qualquer pessoa que vive isso, é de certa forma a vítima desafortunada do que os outros viam nela, escreviam sobre ela, queriam e não queriam que ela fosse. Os papéis atribuídos a ela são variados, mas variações sobre um mesmo tema. Ela é a Madona dos descontentes. O peão do movimento de protesto. A analisanda infeliz. É a cantora que não treina a voz, a rebelde que dirige o Jaguar rápido demais, a Rima, a garota da selva, que se esconde com os pássaros e os veados. Acima de tudo, é a garota que "sente" as coisas, que se agarrou ao frescor e à dor da adolescência, a garota sempre ferida, sempre jovem. Agora, na idade em que, querendo ou não, as feridas começam a cicatrizar, Joan Baez raramente sai do Vale de Carmel.

Embora todas as atividades de Baez tendam a assumir certas conotações ameaçadoras na consciência coletiva do condado de Monterey, o que de fato acontece no Instituto para Estudos da Não Violência, da srta. Baez — que foi autorizado a continuar funcionando no Vale de Carmel por três votos a dois dos supervisores — é aparentemente tão ingênuo a ponto de desarmar até veteranos de duas guerras que usam gravata-borboleta com clipe. Quatro dias por semana, a srta. Baez e seus quinze alunos se reúnem na escola para almoçar: salada de batata, Ki-Suco e cachorro-quente preparado em uma churrasqueira portátil. Após o almoço, fazem exercícios de balé ao som dos discos dos Beatles, e depois se sentam no chão diante de um mural com uma foto do Cypress Point e discutem suas leituras: *Gandhi on Nonviolence* [Gandhi e a não violência]; *The Life of Mahatma Gandhi* [A vida de Mahatma Gandhi], de Louis Fischer; *Breaking the Thought Barrier* [Quebrando a barreira do pensamento], de Jerome Frank; *A desobediência civil*, de Thoreau; *A primeira e última liberdade* e *Pense nisso*, de Krishnamurti; *A elite do poder*, de C. Wright Mills; *O despertar do mundo novo*, de Huxley; e *Os meios de comunicação como extensões do homem*, de Marshall

McLuhan. No quinto dia, eles também se reúnem, como sempre, mas passam a tarde em silêncio absoluto, o que inclui não apenas não conversar, mas também não ler, não escrever e não fumar. Mesmo nos dias de discussão, esse silêncio é invocado por intervalos regulares de vinte minutos ou uma hora, um regime descrito por um aluno como "de valor inestimável para limpar a mente das complicações pessoais" e pela srta. Baez como "quase a coisa mais importante da escola".

Não há pré-requisitos para o ingresso no Instituto, exceto que os candidatos devem ter no mínimo dezoito anos. A admissão em cada sessão é concedida aos quinze primeiros que escrevem pedindo para comparecer. Eles vêm de todas as partes e, em geral, são muito jovens, muito sérios e não têm muito contato com o cenário mais amplo; mais do que refugiados desse cenário, são crianças que não o compreendem bem. Preocupam-se bastante em "responder um ao outro de forma bela e carinhosa", e a resposta deles é de fato tão terna que uma tarde na escola tende a deixá-los perigosamente sem rumo, ou rumo a um lugar fantasioso. Eles discutem se foi ou não uma tática sábia do Comitê do Dia do Vietnã, em Berkeley, tentar argumentar com os Hells Angels "de igual para igual".

"Certo", alguém argumenta. "Então os Angels só dão de ombros e dizem 'Nosso lance é violência'. Como o cara do Comitê do Dia do Vietnã responde a isso?"

Eles discutem uma proposta de Berkeley para um Exército Internacional Não Violento. "A ideia é a seguinte: vamos ao Vietnã e vamos a essas aldeias e, se eles tacarem fogo, nós tacamos também."

"Isso é de uma simplicidade bonita", alguém comenta.

A maioria deles é jovem demais para ter participado dos acontecimentos memoráveis do protesto, e os poucos que têm sido atuantes contam histórias para os demais, histórias que começam com "Uma noite no Scranton YMCA..." ou

"Recentemente, quando invadimos a Comissão de Energia Atômica..." e "Estava conosco uma criança de onze anos no protesto Canadá-Cuba que na época correspondia a um protesto gandhiano, e ela...". Eles falam sobre Allen Ginsberg: "o único, a única voz bonita, a única que fala". Ginsberg sugerira que o C.D.V. enviasse mulheres carregando bebês e flores para a base militar de Oakland.

"Bebês e flores", suspira uma garotinha bonita. "Mas isso é tão *lindo*, esse é exatamente o *ponto*."

"Ginsberg esteve aqui num fim de semana", recorda um garoto sonhador de cachos dourados. "Ele trouxe uma cópia do *Fuck Songbag*, mas nós queimamos." Ele ri. Está segurando uma pedra de mármore violeta-clara e posicionando-a contra a janela, na direção da luz do sol. "Joan me deu", ele diz. "Uma noite fizemos uma festa na casa dela e nos demos presentes. Parecia Natal, mas não era."

A escola em si é uma antiga casa caiada de branco, incomum entre os morros amarelos e o carvalho empoeirado do alto do Vale de Carmel. As espirradeiras sustentam uma cerca de arame danificada em torno da escola, e não há letreiro, nem nenhuma identificação. Até 1950, a casa era uma escola municipal com apenas uma sala; depois disso foi ocupada alternadamente pelo laboratório So Help Me Hannah, fabricante de remédios para irritações de pele causadas pelo carvalho venenoso, e por uma pequena fábrica de cartuchos de escopeta, duas empresas que aparentemente não ameaçavam o valor dos imóveis, da forma como a srta. Baez ameaça. Ela comprou a casa no outono de 1965, depois que a Comissão de Planejamento do Condado lhe disse que o zoneamento proibia que ela administrasse a escola em sua residência, que fica num terreno de quatro hectares a poucos quilômetros de distância. A srta. Baez é vice-presidente e patrocinadora do Instituto.

A taxa de 120 dólares paga pelos alunos para seis semanas de atividades inclui a hospedagem num prédio residencial em Pacific Grove e não cobre as despesas da escola. A srta. Baez não apenas fez um investimento de 40 mil dólares na escola, como também é responsável pelo salário de Ira Sandperl, o presidente do Instituto, líder das discussões e, de fato, a *éminence grise* de todo o projeto. "Talvez vocês pensem que estamos começando de forma muito pequena", diz Ira Sandperl. "Às vezes, as menores coisas podem mudar o curso da história. Vejam a ordem beneditina."

De certa maneira, é impossível falar de Joan Baez sem falar de Ira Sandperl. "Um dos homens da Comissão de Planejamento disse que eu estava me deixando levar pela estrada dos prazeres, sendo enganada por ideias excêntricas", a srta. Baez falou rindo. "Ira disse que talvez ele seja o enganador e excêntrica seja a sua barba."

Ira Sandperl, 42 anos, é natural de St. Louis e tem, além de barba, a cabeça raspada, um emblema grande do desarmamento nuclear no paletó de veludo cotelê, olhos brilhantes e levemente messiânicos, uma risada forte e a aparência geral de um homem que, a vida toda, tentou seguir um arco-íris imperceptível mas fatalmente desviante. Passou muito tempo participando de movimentos pacifistas em San Francisco, Berkeley e Palo Alto, e trabalhava numa livraria de Palo Alto na época em que ele e a srta. Baez tiveram a ideia do Instituto.

Ira Sandperl conheceu Joan Baez quando ela tinha dezesseis anos e foi, levada pelo pai, a uma reunião dos quacres em Palo Alto. "Já naquela época havia algo de mágico, algo de diferente nela", ele lembra. "Uma vez, ela ia cantar em uma reunião em que eu ia falar. O público ficou tão receptivo naquela noite que falei: 'E querida, quando você crescer, teremos que formar uma equipe evangélica.'" Ele sorri e estica as mãos.

Segundo Ira Sandperl, os dois se aproximaram depois que o pai da srta. Baez foi morar em Paris como consultor da Unesco. "Eu era o amigo mais antigo, então naturalmente ela recorreu a mim." Ele estava com ela quando as manifestações de Berkeley no outono de 1964 eclodiram. "Na verdade, éramos os 'agitadores de fora' de quem você tanto ouvia falar", ele diz. "Basicamente, queríamos transformar um movimento *sem* violência em um movimento *não* violento. Joan contribuiu muitíssimo para o movimento não ruir, ainda que os rapazes talvez não admitam isso agora."

Cerca de um mês depois de sua aparição em Berkeley, Joan Baez conversou com Ira Sandperl sobre a possibilidade de ele lhe dar aulas por um ano. "Ela se viu no meio de pessoas politicamente instruídas e", diz ele, "embora tivesse fortes sentimentos, não conhecia nenhum termo socioeconômico-político-histórico ligado à não violência."

"Era tudo vago", ela interrompe afoita, escovando os cabelos para trás. "Quero que seja menos vago."

Em vez de aulas particulares por um ano, decidiram fazer uma escola por tempo indeterminado, e matricularam os primeiros alunos no fim do verão de 1965. O Instituto não se alinha com nenhum movimento ("Alguns garotos estão apenas nos levando a uma outra bagunça, grande e violenta", diz a srta. Baez), e o lugar de fato causa uma forte desconfiança na maioria das organizações ativistas. Ira Sandperl, por exemplo, foi pouco útil para o C.D.V., pois o C.D.V. acreditava na não violência como uma tática limitada, aceitava blocos de poder convencionais e até levou um de seus líderes a se candidatar ao Congresso, o que é um anátema para Sandperl. "Querida, deixe-me explicar desta forma. Em direitos civis, agora o presidente assina um projeto de lei e quem chama como testemunha? Adam Powell? Não. Ele chama Rustin, Farmer, King, *nenhum* deles na estrutura de poder convencional." Sandperl faz uma pausa, como se estivesse imaginando o dia em que ele e a srta. Baez serão chamados a testemunhar a assinatura de um projeto de lei que proíbe a violência. "Não sou otimista, querida, mas tenho esperança. Há uma diferença. Tenho esperança."

A srta. Baez, com um casaco de lã sobre os ombros, observa o aquecedor de gás ligar e desligar em pequenas explosões. "Todo mundo diz que eu sou ingênua politicamente, e sou mesmo", diz ela depois de um tempo. É algo que diz com frequência a pessoas que não conhece. "Os governantes também são, caso contrário não estaríamos em guerra, né."

A porta se abre e entra um homem baixo de meia-idade, usando sandálias feitas à mão. Trata-se de Manuel Greenhill, empresário da srta. Baez que, embora esteja no cargo há cinco anos, nunca antes havia visitado o Instituto nem conhecido Ira Sandperl. "Até que enfim!", Ira Sandperl grita, aos pulos. "A voz sem corpo do telefone finalmente está aqui! Manny Greenhill *existe*! Ira Sandperl *também*! Aqui estou! Aqui está o vilão!"

É difícil conseguir ver Joan Baez, pelo menos para quem não está ligado nos circuitos subterrâneos do movimento de protesto. A Vanguard, gravadora dela localizada em Nova York, dá apenas o telefone de Manny Greenhill, em Boston. "Tente o código de área 415, prefixo DA 4, número 4321", Manny Greenhill responde com rispidez. O código de área 415, DA 4-4321 conecta a chamada à livraria Kepler em Palo Alto, onde Ira Sandperl trabalhava. Alguém na livraria anotará um número e, depois de contatar Carmel e conferir se alguém por lá quer saber daquela chamada, ligará de volta revelando um número de Carmel. O número de Carmel, diferente do que talvez se possa imaginar agora, não contata a srta. Baez, e sim um serviço de atendimento. O serviço anotará um número e, após alguns dias ou semanas, pode ser que Judy Flynn, a secretária da srta. Baez, retorne a ligação, pode ser que não. Ela diz que vai "tentar contatar" a srta. Baez. "Não recebo visitas", diz o coração dessa rede improvisada de números errados, ligações que não completam e chamadas não retornadas. "Tranco o portão e espero que ninguém apareça, mas aparecem mesmo assim. Alguém está informando onde eu moro."

Ela vive na quietude. Costuma ler e conversar com as pessoas que descobrem onde ela mora. De vez em quando, ela e Ira Sandperl vão a San Francisco para ver amigos e falar sobre o movimento pela paz. Ela vê suas duas irmãs e Ira Sandperl. Acredita que seus dias no Instituto conversando e ouvindo Ira Sandperl estão lhe trazendo mais satisfação do que qualquer outra coisa que tenha feito até agora. "Certamente mais do que cantar. Eu subia lá no palco, pensava nos milhares de dólares que estava recebendo, e para quê?" Ela fica na defensiva sobre seus rendimentos ("Ah, tenho algum dinheiro vindo de algum lugar") e vagueia sobre seus planos. "Tem algumas coisas que quero fazer. Quero experimentar um pouco de rock 'n' roll e de música clássica. Mas não vou começar me preocupando com gráficos e vendas porque, assim, onde você vai parar?"

O local exato onde ela quer estar parece uma pergunta em aberto, desconcertante para ela e ainda mais para o seu empresário. Se alguém lhe pergunta o que sua cliente mais famosa tem feito e o que planeja fazer no futuro, Manny Greenhill fala sobre "muitos planos", "outras áreas" e "escolha pessoal". Finalmente, ele topa com algo: "Olha, ela acabou de fazer um documentário para a televisão canadense, a *Variety* fez uma resenha ótima, deixe-me ler para você".

Manny Greenhill lê. "Vamos ver. Aqui a *Variety* diz que '*estava planejada apenas uma entrevista de vinte minutos, mas, quando a equipe da* CBC *de Toronto assistiu, decidiu que faria um especial...*'" Ele interrompe a própria fala. "Isso aqui é bastante digno de notícia. Vamos ver mais. Aqui eles citam as ideias dela sobre a paz... sabe aqueles... neste trecho ela diz que '*toda vez que vou pra Hollywood tenho vontade de vomitar'*... mas não vamos entrar nesse assunto... Aqui, agora sim, '*as imitações que ela faz de Ringo Starr e George Harrisson são perfeitas*', fale disso, isso é bom."

Manny Greenhill espera conseguir que a srta. Baez escreva um livro, faça um filme e ache tempo para gravar músicas de rock 'n' roll. Ele não discutirá a renda dela, embora diga num tom ao mesmo tempo alegre e sombrio que "não será muita *neste* ano". A srta. Baez o deixou agendar apenas um show para 1966 (antes a média era de trinta por ano), aceitou cantar com regularidade em uma casa noturna somente uma vez em toda a sua carreira, e quase nunca aparece na televisão. "O que ela vai fazer no programa do Andy Williams?" Manny Greenhill dá de ombros. "Uma vez ela cantou uma das músicas de Pat Boone com ele", acrescentou, "o que prova que ela é capaz de se sair bem, mas, ainda assim, não queremos ela cantando com dançarinos fazendo coreografia atrás." Greenhill também fica de olho nas aparições políticas de Baez, tenta evitar que usem o nome dela. "Quero dizer, se usam o nome dela, acaba sendo um show. Se não usam, ela pode ir embora numa boa caso não goste de como a coisa soa", ele diz. Ele já está resignado aos intervalos que a escola impõe à agenda de Baez. "Escuta", ele diz. "Sempre incentivei que Joan fosse política. Posso não estar ativo, mas digamos que estou preocupado." Ele aperta os olhos e olha pro sol. "Talvez eu esteja velho demais."

Incentivar Joan Baez a ser "política", realmente, é apenas encorajar Joan Baez a continuar "sentindo" as coisas, pois sua política segue sendo, como ela mesma disse, "totalmente vaga". Sua abordagem é instintiva, pragmática, não muito diferente da de qualquer membro da Liga das Mulheres Eleitoras. "Sinceramente, estou desapontada com o comunismo", foram as últimas palavras dela sobre o tema. Em eventos recentes do movimento pacifista, o que ela disse foi: "Queimar os certificados de alistamento não faz sentido, e que queimem a si mesmos faz menos sentido ainda". Quando ela estudava na Palo Alto High School e se recusou a sair do prédio da escola durante uma simulação de bombardeio, sua motivação não foi teórica, e sim porque "era a coisa mais prática a fazer, pois para mim esse treinamento era imprestável, aquela gente toda pensando que poderia encontrar algum tipo de abrigo e se salvar com garrafas d'água". Ela se apresentou em eventos de governantes democratas e é citada com frequência, dizendo: "Nunca existiu um bom cantor de folk que fosse republicano"; raramente essa foi a dicção do novo radicalismo. O programa distribuído em seus shows inclui alguns dos seus pensamentos sobre "esperar pela véspera da destruição", e esses são seus pensamentos:

Minha vida é uma lágrima de cristal. Flocos de neve caem na lágrima e pequenas figuras se arrastam em câmera lenta. Se eu fosse olhar para a lágrima pelos próximos milhões de anos, talvez nunca descobrisse quem são as pessoas e o que estão fazendo.

Às vezes sinto saudade de uma tempestade. Uma forte tempestade em que tudo muda. O céu passa por quatro dias em uma hora, as árvores gemem, animaizinhos deslizam na lama e tudo fica escuro e completamente selvagem. Mas na verdade é Deus tocando música em sua catedral favorita do céu, despedaçando vitrais, tocando um órgão gigantesco, fazendo as teclas trovejarem em perfeita harmonia, perfeita alegria.

Embora a srta. Baez não fale dessa maneira quando está longe da máquina de escrever, ela tenta, talvez inconscientemente, agarrar-se à inocência, à turbulência e à capacidade de se admirar — por mais artificial ou superficial que isso seja — de sua própria adolescência ou da de outra pessoa. Essa abertura, essa vulnerabilidade, naturalmente é a razão precisa pela qual ela é capaz de "tocar" todos os jovens solitários e desarticulados, todos aqueles que suspeitam que ninguém mais no mundo entende sobre beleza, mágoa, amor e fraternidade. Talvez porque esteja mais velha agora, a srta. Baez às vezes se incomoda de representar, para muitos admiradores, tudo aquilo que é bonito e verdadeiro. "Não estou muito satisfeita com meu pensamento a respeito disso", ela diz. "Às vezes eu digo a mim mesma: 'Vamos lá, Baez, você é como todo mundo', mas também não me satisfaço com isso."

"Nem todo mundo tem a voz", interrompe Ira Sandperl, reverenciando-a.

"Oh, está tudo bem ter a *voz*, a *voz* está bem..."

Ela para e se concentra por um longo tempo na fivela do seu sapato.

Então agora a garota cuja vida é uma lágrima de cristal tem seu próprio lugar, um lugar onde o sol brilha e as ambiguidades podem ser deixadas de lado por mais um tempo, um lugar onde todos podem ser calorosos, amorosos e compartilhar confidências. "Um dia a gente ficou circulando pela sala e falando um pouco sobre nós mesmos", ela revela, "e descobri que, *rapaz*, podia fazer isso com bastante facilidade." O sol do fim da tarde faz riscas na madeira do chão limpo, os pássaros cantam nos pés de carvalho e as lindas crianças sentam-se no chão com seus casacos e ouvem Ira Sandperl falar.

"Você é vegetariano, Ira?", alguém pergunta à toa.

"Sou, sim. Eu sou."

"Conte a eles, Ira", diz Joan Baez. "É legal."

Ele recosta o corpo e olha em direção ao teto. "Eu já estive no Sierra." Ele faz uma pausa e Joan Baez sorri, sinalizando aprovação. "Vi essa árvore magnífica *crescer* rasgando a rocha, forçando sua passagem... e pensei, *tudo certo, árvore*, se você quer viver muito, *tudo certo*! Tudo *certo*! Muito bem! Não vou te cortar! Não vou te comer! A única coisa que todos temos em comum é que todos queremos *viver*!"

"Mas e os vegetais?", uma menina murmura.

"Bem, percebi, é claro, que enquanto eu fosse de *carne* e *osso* eu não poderia ser completamente não violento."

Está ficando tarde. São coletados cinquenta centavos de cada um para o almoço do dia seguinte, e alguém lê um requerimento do Conselho Supervisor do Condado de Monterey para os cidadãos hastearem bandeiras americanas e, assim, mostrarem que "doidos, comunas e covardes não representam o nosso condado". Alguém menciona o Comitê do Dia do Vietnã e um membro dissidente que havia visitado Carmel.

"Marv é um verdadeiro não violento", declara Ira Sandperl. "Um homem que preza a honestidade e o amor."

"Ele disse que é anarquista", alguém interrompe, duvidando.

"Certo", Ira Sandperl concorda. "Perfeitamente."

"O Comitê do Dia do Vietnã diria que Gandhi era burguês?"

"Bem, eles devem saber melhor, mas eles mesmos levam uma vida burguesa..."

"Isso é verdade", diz o loirinho sonhador com a pedrinha de mármore violeta. "Você entra no escritório deles e eles são tão antipáticos, antipáticos e frios..."

Todo mundo abre um sorriso carinhoso para ele. A essa altura, o céu lá fora é da cor do mármore, mas todos relutam em recolher os livros, revistas e discos, em buscar as chaves dos carros e encerrar o dia e, na hora em que estão prontos para ir embora, Joan Baez está comendo com as mãos uma salada de batata de uma tigela na geladeira, e todos ficam para compartilhá-la, só mais um tempinho ali, onde tudo é tão caloroso.

1966

Camarada Laski, CPUSA (M.-L.)

Michael Laski, também conhecido como M. I. Laski, é um jovem relativamente obscuro, com olhos intensos e profundos, barba curta, e uma palidez particularmente notável no sul da Califórnia. Com aparência chamativa e dicção ideológica implacável, seu visual e sua fala correspondem exatamente, no imaginário coletivo, aos de um revolucionário profissional, o que de fato ele é. Nascido há 26 anos no Brooklyn, mudou-se quando criança para Los Angeles e abandonou a UCLA no segundo ano para participar do sindicato dos varejistas. Atualmente, como secretário-geral do Comitê Central do Partido Comunista dos Estados Unidos (marxista-leninista) — uma facção de stalinistas-maoistas que repartem suas energias entre o Watts e o Harlem —, Laski é estritamente comprometido com um imutável complexo doutrinário que inclui as noções de que o Partido Comunista dos Estados Unidos tradicional é uma "panelinha revisionista burguesa"; de que o Partido Trabalhista Progressista, os trotskistas e "a panelinha revisionista liderada por Gus Hall" revelam-se burgueses lacaios e oportunistas por fazerem um apelo de paz não aos "trabalhadores", mas aos imperialistas liberais; e de que H. Rap Brown é a ferramenta, se não o agente consciente, da classe imperialista dominante.

Recentemente, passei algum tempo com Michael Laski na Livraria Internacional dos Trabalhadores, em Watts, a sede do Partido Comunista marxista-leninista (CPUSA, M.-L.), na Costa

Oeste dos Estados Unidos. Nos sentamos à mesa da cozinha, diante da bandeira com a foice e o martelo, e dos retratos de Marx, Engels, Mao Tsé-tung, Lênin e Stálin (Mao na privilegiada posição central), e discutimos a revolução necessária para implantar a ditadura do proletariado. Na verdade, eu não estava interessada na revolução, mas no revolucionário. Ele tinha um pequeno livro vermelho com os poemas de Mao e, enquanto falava, colocou o livro sobre a mesa, alinhando as bordas de ambos, primeiro no sentido vertical, depois no horizontal. Para entender quem é Michael Laski, é preciso compreender esse tipo de compulsão. Ninguém pensa nele comendo, ou na cama. Ele não tem nada em comum com as personalidades apaixonadas que tendem a aparecer na Nova Esquerda. Michael Laski menospreza os reformistas desviantes. Como Mao, ele acredita que o poder político vem do cano de uma arma; esse é um ponto em que ele insiste com uma franqueza ardorosa e contraproducente. Seu lugar na geografia da esquerda americana é, em suma, extremamente solitário e quixotesco, impopular, pouco pragmático. Ele acredita que há "trabalhadores" nos Estados Unidos que vão "surgir" na hora certa, não na anarquia, mas em um show humanitário. Também acredita que "a classe dominante" é autoconsciente e possuída por poderes demoníacos. Ele é, em todos os sentidos, um idealista.

Eu por acaso me sinto à vontade com os Michael Laskis deste mundo, com aqueles que vivem mais fora do que dentro, que são dotados de um sentimento de pavor tão agudo que se voltam para compromissos radicais e condenados. Eu mesma sei algo sobre o pavor, e aprecio os sistemas elaborados com que algumas pessoas conseguem preencher o vazio; aprecio todos os opiáceos que as pessoas usam, sejam eles de fácil acesso, como o álcool, a heroína e a promiscuidade, ou difíceis de encontrar, como a fé em Deus ou na História.

Mas é claro que não falei sobre o pavor para Michael Laski, cujo ópio particular é a História. Aventei uma "depressão", arrisquei dizer que talvez tivesse sido "deprimente" para ele ver apenas uma dúzia de rostos em sua última manifestação no Dia do Trabalho, mas ele me disse que a depressão impedia o processo revolucionário, era uma doença que atacava apenas aqueles que não têm ideologia que os sustente. Michael Laski, como você vê, não se sentia tão próximo de mim quanto eu dele. "Falo com você", ele frisou, "considerando que isso é um risco calculado. Com certeza a sua função é coletar informações para os serviços de inteligência. Você basicamente quer fazer a mesma investigação que o FBI levaria adiante se pudesse nos colocar contra a parede." Ele fez uma pausa e ficou batendo as unhas no pequeno livro vermelho. "E no entanto", disse finalmente, "há uma vantagem concreta em falar com você. Deve-se a um fato: essas entrevistas oferecem um registro público da minha existência."

Ainda assim, ele não iria discutir comigo o que chamava de "aparato subterrâneo" do CPUSA (M.-L.), assim como não me contou quantos membros integravam o grupo. "Obviamente não vou lhe dar esse tipo de informação", ele disse. "Do jeito que a coisa vai, sabemos que seremos banidos." A Livraria Internacional dos Trabalhadores, no entanto, era "uma instalação aberta", e eu podia ver tudo que havia ao redor. Folheei parte da literatura de Pequim (*Vice-premiê Chen Yi responde às perguntas dos correspondentes*), de Hanói (*Presidente Ho Chi Minh responde ao presidente L. B. Johnson*) e de Tirana, Albânia (*O clamor por mudança na política de Tito e a inegável verdade*), e tentei cantarolar a canção de um livro de músicas do Vietnã do Norte: "Quando o Partido precisa de nós, nossos corações estão cheios de ódio". A literatura ficava na parte da frente da loja, junto com uma caixa registradora e uma mesa de jantar. Nos fundos, atrás de uma divisória de madeira compensada, havia algumas camas dobráveis, copiadoras e mimeógrafos nos quais o Comitê Central imprimia seu "jornal político", o *People's Voice*, e sua "publicação teórica", a *Red Flag*. "Há um grupo destinado a esses serviços, o que garante a segurança", disse Michael Laski quando mencionei as camas. "Eles levam um pequeno arsenal nas costas, duas espingardas e vários outros itens."

Pode parecer curioso que haja tanta segurança, considerando que o que os membros do grupo realmente fazem é, além de vender o *People's Voice* e tentar criar "grupos de defesa armada do povo", tentar aperfeiçoar a própria ideologia procurando por "erros" e "enganos" nas atitudes uns dos outros. "O que fazemos talvez pareça perda de tempo para algumas pessoas", Michael Laski disse de repente. "Quem não tem ideologia, pode se perguntar o que o Partido oferece. Não oferece nada. Oferece trinta ou quarenta anos pondo o Partido acima de tudo. Oferece surras. Cadeia. Nos altos escalões, assassinato."

Mas é claro que isso era oferecer muito. O mundo que Michael Laski construiu para si era de uma complexidade labiríntica e de uma clareza impecável; um mundo significativo não só por ter grandes propósitos, mas também pelas ameaças, intrigas e aparelhagens, internas e externas; um mundo irreversivelmente ordenado, no qual as coisas tinham importância. Deixe-me contar sobre um outro dia na Livraria Internacional dos Trabalhadores. Os marxistas-leninistas estavam vendendo o *People's Voice*, e agora Michael Laski e três outros membros do grupo faziam o repasse dos lucros, numa cerimônia tão formal quanto uma reunião de sócios do Morgan.

"Senhor — *camarada* — Simmons — qual foi a renda total?", Michael Laski perguntou.

"Nove dólares e noventa e um centavos."

"Arrecadados em quanto tempo?"

"Quatro horas."
"Quantos jornais vendidos no total?"
"Setenta e cinco."
"E a média por hora?"
"Dezenove."
"A contribuição média foi de quanto?"
"Treze centavos e meio."
"E a maior contribuição?"
"Sessenta centavos."
"A menor?"
"Quatro centavos."
"Não foi um dia muito bom, camarada Simmons. Você tem alguma explicação?"
"É sempre ruim na véspera do pagamento da previdência social e do seguro-desemprego."
"Muito bem, camarada Simmons."

Você vê o que o mundo de Michael Laski é: o triunfo irrelevante, porém perigoso, de estar acima do nada.

1967

Romaine Street 7000, Los Angeles 38

O número 7000 da Romaine Street fica numa parte de Los Angeles familiar aos admiradores de Raymond Chandler e Dashiell Hammett: a parte de baixo de Hollywood, ao sul do Sunset Boulevard, num bairro miserável de classe média repleto de "estúdios de modelos", armazéns e bangalôs com duas famílias. Como os estúdios Paramount, Columbia, Desilu e Samuel Goldwyn ficam próximos, muita gente que mora por ali tem alguma conexão tênue com a indústria cinematográfica. Alguns já tiraram fotografias com ídolos, por exemplo, ou conheceram a manicure de Jean Harlow. O número 7000 da Romaine Street, propriamente dito, parece uma cena externa de um filme descolorido, lá fica um edifício em tom pastel com detalhes lascados de *art moderne*, janelas com tábuas ou telas de arame para galinheiro e, na entrada, no meio da espirradeira empoeirada, um tapete de borracha diz BEM-VINDO.

Na verdade, ninguém é bem-vindo, pois o 7000 da Romaine pertence a Howard Hughes e a porta está trancada. O fato de que o "centro de comunicações" de Hughes se situe aqui, sob a fraca luz do sol do território de Hammett-Chandler, é uma dessas circunstâncias que satisfazem a suspeita de que a vida é realmente um cenário, pois o império de Hughes tem sido no nosso tempo o único complexo industrial do mundo — envolvendo, ao longo dos anos, a fabricação de máquinas, subsidiárias estrangeiras de equipamentos para perfuração de petróleo, uma cervejaria, duas companhias aéreas, imensas propriedades imobiliárias, um grande estúdio de cinema e uma operação eletrônica e de mísseis — dirigido por um homem cujo modus operandi lembrava mais o de um personagem de *À beira do abismo*.

Eu por acaso moro relativamente perto do número 7000 da Romaine e faço questão de passar por ali de vez em quando, provavelmente no mesmo espírito que os estudiosos do rei Arthur visitam a costa da Cornualha. Estou interessada no folclore de Howard Hughes, na maneira como as pessoas reagem a ele, nos termos que usam quando falam dele. Deixe-me dar um exemplo. Algumas semanas atrás, almocei com um velho amigo no Beverly Hills Hotel. Entre os outros convidados havia uma mulher bem-casada, na casa dos trinta, que já fora uma jovem revelação contratada por Hughes, e um figurinista que havia trabalhado em vários filmes de Hughes e que até hoje recebe um salário semanal que vem da Romaine 7000, cumprindo o acordo de que não trabalhará para mais ninguém. Há alguns anos ele não faz nada além de descontar esse cheque semanal. Estavam lá sentados ao sol, a ex-quase estrela e o ex-figurinista, conversando sobre o homem cujas aparições públicas agora são um pouco menos frequentes que as de *O Sombra*. Perguntavam-se como ele estava e por que vinha dedicando o ano de 1967 à compra de Las Vegas.

"Você não vai me dizer que funciona como eles dizem, que ele comprou o Desert Inn só porque os grandes apostadores estavam chegando e não o deixariam ficar com a cobertura", refletiu a ex-atriz, tocando com o dedo um diamante do tamanho do Ritz. "Isso deve ser parte de uma missão maior."

A frase estava perfeitamente certa. Qualquer um que dê uma olhada nas notícias do mercado financeiro sabe que Hughes nunca faz "transações" comerciais ou "negociações"; ele tem "missões". Sua missão central, como a *Fortune* pontuou em uma série de cartas de amor, sempre foi "preservar o poder enquanto proprietário do maior conjunto de riquezas industriais que permanece sob o controle absoluto de um único indivíduo". Hughes não tem sequer "associados" nos negócios, tem somente "adversários". Quando os adversários "parecem estar" ameaçando seu controle absoluto, Hughes "pode ou não" decidir agir. Expressões como "parecem estar" e "pode ou não", peculiares às reportagens de negócios envolvendo Hughes, indicavam o clima especial em torno de uma missão dele. E eis o que a ação pode, ou não, ser: Hughes quiçá alerte, no momento crítico, que "Você está apontando uma arma para a minha cabeça". Se há uma coisa de que Hughes não gosta é ameaça (em geral, vem na forma de um pedido para que ele compareça a algum lugar ou participe de uma discussão política), e pelo menos um presidente da TWA, companhia que quando administrada por Hughes só tinha afinidade operacional com o governo de Honduras, saiu do cargo por esse motivo.

As histórias são infinitas, muito familiares, negociadas pelos fiéis como cartões de beisebol, apalpados até perderem a nitidez e se confundirem com apócrifos. Há uma história sobre Eddie Alexander, o barbeiro que recebeu uma quantia generosa para ficar "dia e noite esperando", caso Hughes quisesse cortar o cabelo. "Só estou checando, Eddie", Hughes teria ligado uma vez às duas da manhã para dizer isso. "Só queria ver se você estava de plantão." Houve a vez que a Convair queria vender 340 aeronaves para Hughes e ele insistiu que, para garantir o "sigilo", a missão fosse discutida apenas entre meia-noite e o amanhecer, à luz de lanterna, no aterro sanitário de Palm Springs. Houve uma noite em que Hughes e Greg Bautzer, na época seu advogado, ficaram incomunicáveis enquanto na sala de conferências do Chemical Bank, em Nova York, os homens do dinheiro esperavam para emprestar 165 milhões de dólares para a TWA. Lá estavam, com 165 milhões de dólares em mãos, os homens de duas das maiores companhias de seguros e de nove dos bancos mais poderosos do país, todos esperando, e eram sete da noite do último dia em que o acordo poderia ser feito, e os banqueiros àquela altura estavam conversando por telefone não com Hughes, nem mesmo com Bautzer, mas com a esposa de Bautzer, a estrela de cinema Dana Wynter. "Espero que ele aceite o pagamento em moedas", disse um corretor de Wall Street quando Hughes, seis anos mais tarde, vendeu a TWA por 546 milhões de dólares, "e deixe que escorreguem entre seus dedos."

    Há também as histórias mais recentes. Howard Hughes está a caminho de Boston a bordo do *Super Chief*, escoltado pela Bel-Air Patrol. Howard Hughes está no Hospital Peter Bent Brigham. Howard Hughes requisita todo o quinto andar do Ritz de Boston. Howard Hughes está ou não comprando 37,5% da Columbia Pictures através do Swiss Banque de Paris. Howard Hughes está doente. Howard Hughes morreu. Não, Howard Hughes está em Las Vegas. Howard Hughes paga 13 milhões de dólares pelo Desert Inn. Quinze milhões pelo Sands. Dá ao estado de Nevada 6 milhões de dólares para uma escola de medicina. Negocia a compra de ranchos, da Alamo Airways, do Terminal Norte do aeroporto de Las Vegas, de mais ranchos, do restante da Strip em Vegas. Em julho de 1967, Howard Hughes é o maior proprietário particular de terrenos no condado de Clark, Nevada. "Howard gosta de Las Vegas", explicou um conhecido de Hughes, "porque ele gosta que seja possível encontrar um restaurante aberto caso queira um sanduíche."

    Por que gostamos tanto dessas histórias? Por que as repetimos tantas vezes? Por que transformamos em herói popular um homem que é a antítese de todos os nossos heróis oficiais, um milionário do Oeste atormentado, resgatando os rastros do desespero, do poder e dos tênis brancos? Mas sempre fizemos isso. As pessoas e as histórias de que mais gostamos tornam-se nossas favoritas não por alguma virtude inerente a elas, mas porque ilustram, nos detalhes, algo profundo, algo que não admitimos. Shoeless Joe Jackson, Warren Gamaliel Harding, o *Titanic: como os poderosos caíram.* Charles Lindbergh, Scott e Zelda Fitzgerald, Marilyn Monroe: *lindos e condenados*. E Howard Hughes. O fato de termos tornado Howard Hughes um herói diz algo interessante sobre nós mesmos, algo pouco lembrado, diz que a finalidade secreta do dinheiro e do poder nos Estados Unidos não é o que o dinheiro pode comprar nem o poder pelo poder (os americanos se preocupam com seus pertences e se sentem culpados em relação ao poder, o que é difícil para os europeus perceberem porque eles são realmente materialistas, experientes no uso do poder), mas a absoluta liberdade pessoal, a mobilidade e a privacidade. Esse é o instinto que levou a América ao Pacífico durante todo o século XIX: o desejo de encontrar um restaurante aberto caso você queira um sanduíche, de ser um indivíduo livre e viver de acordo com suas próprias regras.

Claro que não admitimos isso. O instinto é socialmente suicida e, como reconhecemos que isso é verdade, desenvolvemos formas viáveis de dizer uma coisa e acreditar em outra. Há muito tempo, Lionel Trilling apontou algo que chamou de "separação fatal" entre "as ideias de nossa classe liberal educada e os lugares profundos da imaginação". "Quero apenas dizer", ele escreveu, "que nossa classe educada tem uma suspeita estabelecida, embora leve, do motivo do lucro, uma crença no progresso, na ciência, na legislação social, no planejamento e na cooperação internacional [...]. Essas crenças dão muito crédito àqueles que as têm. E comento ainda — se não sobre nossas crenças, sobre nosso modo de defendê--las — que nenhum escritor de primeira linha apareceu para lidar com essas ideias e com as emoções consoantes com elas, de uma forma literária grandiosa." Oficialmente, admiramos homens que exemplificam essas ideias. Admiramos o caráter de Adlai Stevenson, o homem racional, o homem iluminado, o homem que não depende de uma forma de agir potencialmente psicopática. Entre os homens ricos, oficialmente admiramos Paul Mellon, um herdeiro socialmente responsável no molde europeu. Sempre houve essa divergência entre nossos heróis oficiais e não oficiais. É impossível pensar em Howard Hughes sem ver o abismo, aparentemente sem fundo, entre o que dizemos que queremos e o que de fato queremos, entre o que oficialmente admiramos e o que secretamente desejamos e, no sentido mais amplo, entre as pessoas com quem casamos e aquelas que amamos. Numa nação que parece valorizar cada vez mais as virtudes sociais, Howard Hughes continua sendo não apenas antissocial, mas brilhante e surpreendentemente associal. Ele é o último homem privado, o sonho que já não admitimos.

1967

California dreaming

Todos os dias da semana, às onze da manhã, quase na hora em que o sol queima a última névoa seca perto das montanhas de Santa Barbara, quinze ou vinte homens se reúnem onde um dia foi a sala de jantar da mansão de um fabricante de camisas, com vista para o oceano Pacífico, e iniciam outra sessão do que eles chamam de "esclarecendo as questões básicas". O local é o Centro de Estudos das Instituições Democráticas, atual mutação do Fundo para a República e, desde que o Fundo pagou 250 mil dólares pela casa de mármore e dezessete hectares de eucaliptos, em 1959, é também um refúgio que privilegia aqueles que o presidente do Centro, Robert M. Hutchins, considera controversos, estimulantes e, talvez acima de tudo, cooperativos ou *do nosso tipo*. "Se só querem trabalhar em suas próprias coisas", disse Hutchins, "então não devem vir aqui. A menos que estejam dispostos a vir e trabalhar em equipe e como uma equipe, este lugar não é para eles."

Os convidados a se dedicar ao Centro ganham um escritório (lá não há residências) e um salário, supostamente baseado na escala salarial da Universidade da Califórnia. O processo de seleção em geral é descrito como "misterioso", mas sempre envolve "pessoas que conhecemos". Paul Hoffman, que já foi ao mesmo tempo presidente da Fundação Ford e diretor do Fundo para a República, agora é o presidente honorário do Centro, e seu filho fica bastante lá, bem como o genro de Robert Hutchins. Estão lá Rexford Tugwell, um dos "homens de confiança" do New Deal ("Por que não?", ele me perguntou. "Se eu não estivesse aqui, estaria em uma casa de repouso."), e Harvey Wheeler, coautor de *Fail-Safe* [Limite de segurança]. De vez em quando, alguém pode ser convidado ao Centro por ter um valor de celebridade embutido, por exemplo, o bispo James Pike. "Somos um grupo altamente qualificado de especialistas em relações públicas", explica Harry Ashmore. Harry Ashmore é um membro fixo do Centro e considera Hutchins — ou dr. Hutchins, como invariavelmente se referem ao presidente na presença de pessoas de fora — "um recurso intelectual natural". O que esses especialistas em relações públicas altamente qualificados fazem, além de esclarecer as questões básicas e dar caronas para Bennett Cerf ("Meu papo com Paul Hoffman na Costa me fez ganhar uma carona de que não vou esquecer", observou Bennett Cerf um tempo atrás) é discutir por algumas horas, todos os dias da semana, um dos vários amplos setores nos quais o Centro se concentra a qualquer momento: por exemplo, a cidade ou a Constituição emergente. Artigos são preparados, lidos, revisados, relidos e, por vezes, finalmente publicados. Aqueles que participam desse processo o descrevem de formas variadas: "aponta para todos nós a direção para uma compreensão maior" e "aplica a razão humana aos problemas complexos de nosso novo mundo".

Faz tempo que me interesso pela retórica do Centro, que tem o tipo de generalidade ectoplásmica que sempre me faz sentir que estou no caminho certo para o verdadeiro suflê, o genuíno kitsch americano, e há pouco tempo combinei de assistir a algumas sessões em Santa Barbara. Não foi, de modo algum, tempo perdido. O Centro é o fenômeno cultural mais perfeitamente nativo desde o *Syntopicon* da Enciclopédia Britânica, que apresenta "As 102 grandes ideias do homem ocidental" e que também devemos a Robert, ou dr. Hutchins. "Não cometa o erro de tomar um assento à grande mesa", fui avisada sotto voce na minha primeira visita ao Centro. "A conversa lá é dos muito poderosos."

"Existe alguma evidência de que viver em uma época violenta incentive a violência?", alguém à grande mesa perguntou.

"Isso é difícil de mensurar."

"Eu acho que é por causa dos filmes de faroeste na televisão."

"Eu tendo [*pausa*] a concordar."

Todas as palavras proferidas no Centro são registradas em fita cassete. Não só faculdades e bibliotecas, mas milhares de indivíduos também recebem fitas e panfletos de lá. Entre os panfletos mais vendidos estão *Economic Power and the Free Society* [O poder econômico e a sociedade livre], de A. A. Berle Jr.; *Unions and Union Leaders of Their Own Choosing* [Os sindicatos e os líderes sindicais que eles escolhem], de Clark Kerr; *Cybernation: The Silent Conquest* [Cibernação: A conquista silenciosa], de Donald Michael; e *Community of Fear* [Comunidade do medo], de Harrison Brown. Setenta e cinco mil fãs por ano escrevem cartas ao Centro, reafirmando a convicção da equipe de que tudo o que é dito no local melhora misticamente o bem-estar nacional e também internacional. Um professor de uma escola campestre no Colorado disse: "Uso os vários artigos do Centro em meu curso de atualidades e história americana. Parece-me que hoje em dia nenhuma outra instituição dos Estados Unidos está tão envolvida quanto o Centro com trabalhos valiosos e de primeira linha". Uma mãe da Califórnia: "Agora minha filha de quinze anos descobriu as publicações de vocês. Isso me encanta, pois ela é uma dessas adolescentes comuns. Mas, quando se senta para ler, a leitura é um dos folhetos do Centro".

A noção de que fornecer materiais úteis para as aulas de atualidades do nono ano e leituras para adolescentes comuns pode nem sempre ser compatível com o estabelecimento de "uma verdadeira comunidade intelectual" (outro objetivo de Hutchins) seria considerada, no Centro, uma ideia pessimista e fruto de picuinha antidemocrática. "As pessoas têm o direito de aprender o que estamos pensando", alguém me disse. Na verdade, o lugar é avidamente anti-intelectual; o amplo uso depreciativo de palavras como "cabeçudo" e "torre de marfim" combinava apenas com um vestiário de clube de golfe. Hutchins se esforça para explicar que não entende que "comunidade intelectual" seja uma comunidade "cujos membros se consideram intelectuais". Harry Ashmore se preocupa particularmente com o fato de que os "homens de negócios" deixem de discernir a "utilidade prática" do Centro. Sobre esse ponto, Hutchins gosta de citar Adlai Stevenson: "O Centro pode ser considerado uma espécie de apólice nacional de seguro, uma forma de garantir que mereceremos coisas cada vez melhores".

Embora se possa suspeitar que esse tipo pragmático de Método Coué* seja uma forma de pensamento natural à maioria das pessoas do Centro, ele também é vital para que o lugar sobreviva. Em 1959, o Fundo para a República deixou para o Centro os 4 milhões de dólares restantes de uma subvenção original de 15 milhões à Fundação Ford, mas isso já acabou faz tempo e, como nunca houve possibilidade de a Ford dar mais dinheiro, o Centro tem que se virar sozinho. Se virar sozinho custa aproximadamente 1 milhão de dólares por ano. Cerca de 12 mil colaboradores oferecem esse milhão por ano, e ajuda se eles puderem pensar que um presente para o Centro não é um presente para apoiar alguns visionários que nunca viram uma folha de pagamento,

---

* Método de psicoterapia criado pelo psicólogo Émile Coué no início do século XX.

mas "um investimento (isento de impostos) na preservação de nosso estilo de vida livre". Também ajuda apresentar ao doador um panorama de como o Centro é cercado de forças obscuras e, nesse sentido, uma aliada inestimável, embora não intencional, foi a conservadora Sociedade John Birch, de Santa Barbara. "Você não pode deixar que os fascistas os expulsem da cidade", fui aconselhada por um admirador do Centro.

Na verdade, mesmo sem recorrer à Sociedade Birch como suporte, Hutchins desenvolveu o $E=mc^2$ das fórmulas de captação de recursos. O Centro é sustentado pelo mesmo princípio de uma editora em que os autores pagam para publicar. As pessoas que têm condições de contribuir com grandes quantias de dinheiro são incentivadas a participar do esclarecimento das questões básicas. Dinah Shore, uma das fundadoras, é convidada a discutir direitos civis com Bayard Rustin. Steve Allen fala sobre "Ideologia e intervenção" com o senador Fulbright e com Arnold Toynbee, e Kirk Douglas, que é membro fundador, fala sobre "As artes numa sociedade democrática". Paul Newman, no papel de "cidadão preocupado", dispõe-se a discutir "A universidade americana" com o dr. Hutchins, William O. Douglas, juiz da Suprema Corte, Arnold Grant, Rosemary Park e com outro cidadão preocupado, Jack Lemmon. "A propósito de absolutamente nada", diz o sr. Lemmon, fumando um cachimbo, "apenas para meu próprio espanto [...] eu não *sei*, mas *quero* saber [...]." Nesse momento, ele quer saber sobre a inquietação dos alunos e, em outro, se mostra receoso com a possibilidade de os contratos do governo corromperem a "pesquisa pura".

"Você quer dizer que talvez eles recebam uma subvenção para desenvolver algum tipo novo de *plástico*", analisa Newman, e Lemmon pega a deixa: "E aí o que acontece então com as humanidades?".

Todos vão para casa adulados, e o Centro ganha força. Bem, por que não? Numa manhã, estava conversando com a esposa de um grande colaborador, enquanto esperávamos no terraço por um dos martínis que o Centro serve e também por uns minutos de conversa com o dr. Hutchins. "Essas sessões vão muito além da minha cabeça", ela confidenciou, "mas eu saio sempre flutuando pelos ares."

1967

Casamentos absurdos

Para se casar em Las Vegas, no condado de Clark, em Nevada, a noiva precisa jurar que tem dezoito anos ou a permissão dos pais e, o noivo, 21 anos ou a permissão dos pais. Alguém deve pagar cinco dólares pelo registro. (Aos domingos e feriados, quinze dólares. O fórum do condado de Clark emite registros matrimoniais a qualquer hora do dia ou da noite, exceto entre meio-dia e uma da tarde, entre oito e nove da noite e entre quatro e cinco da manhã.) Nada mais é necessário. O estado de Nevada, e apenas ele nos Estados Unidos, dispensa tanto um exame de sangue pré-conjugal quanto um período de carência anterior ou posterior à emissão do registro de casamento. Dirigindo pelo Mojave, vindo de Los Angeles, é possível ver as placas no fim do deserto, surgindo daquela espécie de superfície lunar com cascavéis e árvores de mesquite, mesmo antes que as luzes de Las Vegas apareçam como uma miragem no horizonte: "VAI SE CASAR? Informações sobre registros gratuitos — Sair na primeira pista". Talvez a indústria de casamentos de Las Vegas tenha atingido o auge de sua eficiência operacional entre nove da noite e meia-noite de 26 de agosto de 1965, uma quinta-feira que teria sido comum, mas que, por ordem do presidente, foi o último dia em que alguém, simplesmente por se casar, poderia ser dispensado do serviço militar. Naquela noite, 171 casais foram declarados marido e mulher no condado de Clark, no estado de Nevada, 67 deles por um único juiz de paz, sr. James A. Brennan. O sr. Brennan realizou um casamento no Dunes e os outros 66 em seu escritório, e cobrou oito dólares de cada casal. Uma noiva emprestou seu véu para outras seis. "Reduzi de cinco para três minutos", Brennan explicou a façanha. "Eu poderia ter juntado todos num casamento *en masse*, mas são pessoas, e não gado. As pessoas esperam mais quando se casam."

O que as pessoas que se casam em Las Vegas esperam, na realidade — o que, em sentido amplo, corresponde às suas "expectativas" —, soa como um negócio estranho e contraditório. Las Vegas é o mais extremo e alegórico assentamento americano, bonito e bizarro em sua venalidade e em sua devoção à gratificação imediata, um lugar onde mafiosos, prostitutas e atendentes de banheiros femininos dão o tom, levando no bolso de seus uniformes frascos de nitrito de amila. Quase todo mundo repara que não existe "tempo" em Las Vegas, nem noite, nem dia, nem passado e nem futuro (nenhum cassino de Las Vegas, no entanto, levou tão longe a obliteração do senso comum a respeito do tempo quanto o Harold's Club, em Reno, que por um período distribuiu, a intervalos irregulares durante o dia e a noite, "boletins" mimeografados trazendo notícias do mundo exterior); e não há nenhum sentido lógico de se estar onde se está. Alguém está parado em uma estrada no meio de um deserto vasto e hostil, olhando para um letreiro de quase três metros que pisca "STARDUST RESORT AND CASINO" ou "CAESAR'S PALACE". Sim, mas o que isso explica? Essa geografia implausível reforça a sensação de que o que acontece lá não tem nenhuma conexão com a vida "real". Nevada, como Reno e Carson, são cidades de ranchos, cidades do Oeste, lugares por trás dos quais há algum tipo de imperativo histórico. Mas Las Vegas parece existir apenas aos olhos de quem vê. Tudo isso torna o lugar imensamente estimulante e interessante, mas estranho para se usar um vestido de noiva Priscilla of Boston de cetim champanhe com detalhes em renda chantilly, mangas ajustadas e cauda destacável.

E, no entanto, a indústria dos casamentos em Las Vegas parece apelar precisamente a esse impulso. "Sincera e digna desde 1954", anuncia uma capela para casórios. Existem dezenove capelas do tipo em Las Vegas, extremamente competitivas; cada uma oferece serviços melhores, mais rápidos e, consequentemente, mais sinceros do que a outra: Nossas fotos são as melhores de todas, Seu casamento com registro fonográfico, Sua cerimônia à luz de velas, Quartos para lua de mel, Transporte gratuito do hotel para o tribunal e a capela e retorno ao hotel, Cerimônias religiosas ou civis, Vestiários, Flores, Anéis, Anúncios, Testemunhas disponíveis e Estacionamento amplo. Todos esses serviços, como tantos outros em Las Vegas (sauna seca, desconto de cheques, casacos de pele de chinchila para venda ou aluguel) são oferecidos 24 horas por dia, sete dias por semana, presumivelmente de acordo com a premissa de que o casamento, uma bobagem, é um jogo para se jogar quando a mesa for favorável.

Mas o que mais impressiona nas capelas da Strip, com seus poços de desejo, vitrais de papel nas janelas e bouvárdias artificiais, é que grande parte do negócio delas não é uma simples questão de conveniência, não resulta de casos de fim de noite entre dançarinas de cabaré e aspirantes a Bing Crosby. Claro que há um pouco disso. (Certa vez, por volta das onze da noite, vi uma noiva em Las Vegas de minivestido laranja e volumosos cabelos cor de fogo tropeçar no braço de seu noivo dentro de uma capela da Strip, o que pareceu a cena de um sobrinho dispensável num filme como *Miami Syndicate*. "Preciso pegar as crianças", choramingou a noiva. "Preciso pegar a babá, preciso ir ao show da meia-noite." "O que você precisa", disse o noivo, abrindo a porta de um Cadillac Coupe DeVille e a observando se amarrotar inteira no assento, "é ficar sóbria.") Mas Las Vegas parece oferecer algo diferente de "conveniência", que é a "gentileza" do merchandising, o fac-símile do ritual adequado para garotos que desconhecem outra forma de encontrá-lo, de organizar tudo, de fazer tudo "certo". Na Strip, seja dia ou seja noite, o que se vê são verdadeiras festas de casamento, enquanto se espera sob luzes ofuscantes em uma faixa de pedestres, ou parado e inquieto no estacionamento da Frontier, enquanto o fotógrafo contratado pela Pequena Igreja do Oeste ("Onde casam as estrelas") atesta a ocasião e tira a foto: a noiva de véu e saltos de bico fino e cetim branco, o noivo geralmente de smoking branco, e até mesmo uma ou duas funcionárias, uma irmã ou uma melhor amiga de *peau de soie* rosa-choque, um *voilette*, um ramalhete de cravos. "When I Fall in Love It Will Be Forever", toca o organista, e depois alguns compassos de Lohengrin. A mãe chora; o padrasto, desajeitado em seu papel, convida a recepcionista da capela a se juntar a eles para tomar uma bebida no Sands. A anfitriã declina com um sorriso profissional; ela já transferiu sua atenção para o grupo que espera lá fora. Uma noiva sai, outra entra e, novamente, sobe o letreiro na porta da capela: "Um momento, por favor… Casamento".

Da última vez que estive em Las Vegas, fiquei sentada ao lado de uma dessas festas de casamento em um restaurante da Strip. O casamento acabara de acontecer; a noiva ainda usava o seu vestido, e a mãe o seu *corsage*. Um garçom entediado serviu um pouco de champanhe rosé ("por conta da casa") para todos, menos para a noiva, que era jovem demais para isso. "Você vai precisar de algo mais forte do que isso", disse o pai da noiva ao novo genro, em tom brincalhão. As piadas típicas sobre a noite de núpcias tinham certo caráter panglossiano, já que a noiva estava claramente grávida de alguns meses. Outra rodada de champanhe rosé, dessa vez não por conta da casa, e a noiva começou a chorar. "Foi tão bom", ela soluçava, "quanto eu esperava e sonhava que seria."

1967

Rastejando até Belém

O centro cedia. Era um país feito de pedidos de falência e anúncios de hastas públicas e notícias corriqueiras de assassinatos fortuitos e crianças criadas em lugares impróprios e lares abandonados e vândalos que não sabiam escrever bem nem os palavrões que rabiscavam. Era um país onde famílias desapareciam com frequência, deixando para trás rastros de cheques sem fundo e documentos de reintegração de posse. Adolescentes vagavam sem rumo de uma cidade destroçada para outra, tentando se livrar tanto do passado quanto do futuro, como cobras que trocam de pele; garotos a quem ninguém havia ensinado, e agora já não iam mais aprender, os jogos que mantinham a sociedade coesa. Havia pessoas desaparecidas. Crianças desaparecidas. Pais desaparecidos. Os que ficavam para trás faziam registros confusos dos desaparecidos e depois também seguiam em frente.

Não era um país em plena revolução. Não era um país sob ataque inimigo. Eram os Estados Unidos da América no final da fria primavera de 1967, quando o mercado estava estável, o PIB alto e havia muita gente articulada que parecia comprometida com as questões sociais. Poderia ter sido uma primavera de grandes esperanças e promessas para o país, no entanto não foi, e cada vez mais gente tinha a preocupação inquietante de que não seria. Só o que parecia claro era que, em algum momento, tínhamos abortado a nós mesmos e arruinado o que estava em nossas mãos e, como nada mais se mostrava tão relevante, decidi ir para San Francisco. San Francisco era o lugar onde as hemorragias sociais estavam dando as caras. Era o lugar onde os garotos desaparecidos se reuniam e se denominavam "hippies". A primeira vez que fui a San Francisco, naquele final da fria primavera de 1967, eu nem sequer sabia o que pretendia descobrir, então só passei um tempo por lá e fiz alguns amigos.

Um aviso na Haight Street, em San Francisco:

No último domingo de Páscoa
Meu Christopher Robin se foi de casa.
Ele ligou no dia 10 de abril
Mas depois disso sumiu
Disse que estava quase chegando
Mas até hoje estou esperando.

Se na Haight você o encontrar
Por favor diga para não demorar
Preciso dele para já
Não me importa como virá
Se ele está sem um tostão
Providenciarei, então.

Se posso ter fé
Me escreva uma nota qualquer
Se ele ainda estiver por aí
Diga que estarei sempre aqui
Preciso saber dele realmente
Pois o amo infinitamente!

Muito agradecida,
Marla

Marla Pence
12702 NE. Multnomah
Portland, Ore. 97230
503/252-2720.

Estou procurando alguém chamado Deadeye e ouvi dizer que ele está na Haight Street esta tarde fazendo algum tipo de negócio, então fico alerta tentando encontrá-lo enquanto finjo ler os letreiros da Psychedelic Shop, até que um garoto de uns dezesseis, dezessete anos se aproxima e se senta ao meu lado, no chão.
"O que você está procurando?", ele pergunta.
Nada de mais.
"Estou doidão há três dias", ele diz. Me conta que andou injetando cristais, o que eu mais ou menos já sei, já que ele não faz questão de baixar a manga da camisa para cobrir as picadas da agulha. Faz umas semanas que chegou de Los Angeles, não se lembra bem quantas, e agora vai partir pra Nova York, se conseguir uma carona. Mostro a ele um cartaz em que oferecem carona para Chicago. Ele quer saber onde fica Chicago. Pergunto de onde ele é. "Daqui", ele diz. Mas quero saber de antes daqui. "De San Jose, Chula Vista, sei lá. Minha mãe está em Chula Vista."
Alguns dias depois, cruzo com ele num show do Grateful Dead, no Golden Gate Park. Pergunto se conseguiu carona para Nova York. "Ouvi dizer que Nova York é um porre", ele diz.

Deadeye não apareceu na rua naquele dia, e alguém me diz que talvez eu possa encontrá-lo em sua casa. São três da tarde e Deadeye está na cama. Há outra pessoa adormecida no sofá da sala, uma garota dormindo no chão debaixo de um pôster de Allen Ginsberg e mais duas, de pijama, preparando um café solúvel. Uma delas me apresenta ao amigo no sofá, que me estende a mão, mas não se levanta porque está pelado. Deadeye e eu temos um conhecido em comum, mas o nome dele não é mencionado na frente dos outros. "O cara com quem você conversou", Deadeye diz, ou então "aquele cara a quem me referi mais cedo". O cara é um tira.

A sala está superaquecida e a garota no chão está passando mal. Deadeye diz que ela está dormindo há 24 horas. "Deixa eu perguntar uma coisa", ele diz. "Você quer um pouco de erva?" Eu digo que preciso ir. "Se quiser", ele reforça. "É sua." Deadeye já foi membro dos Hells Angels na área de Los Angeles, mas isso faz alguns anos. "No momento", ele diz, "estou tentando criar um grupo religioso maneiro, o 'Evangelismo Adolescente'."

Don e Max querem sair para jantar, mas Don está na dieta macrobiótica, então acabamos indo de novo ao bairro japonês. Max está me contando que se sente livre de todos os velhos complexos freudianos da classe média. "Faz uns dois meses que estou com essa mulher, às vezes ela prepara algo especial pro jantar e eu chego em casa três dias depois e digo a ela que andei trepando com outra garota e, bem, às vezes ela berra um pouco, mas depois eu digo 'benzinho, eu sou assim', e ela ri e diz 'esse é você, Max'." Max diz que o esquema funciona pros dois lados. "Ou seja, se ela chega e me diz que quer trepar com o Don, talvez eu diga 'o.k., baby, vai nessa'."

Max enxerga sua vida como um triunfo sobre as coisas proibidas. Entre as que ele experimentou antes dos 21 anos estão peiote, álcool, mescalina e metanfetamina. Passou três anos sob efeito de meth em Nova York e em Tânger, antes de descobrir o ácido. Provou peiote pela primeira vez quando frequentava uma escola só de garotos no Arkansas, foi até o Golfo do México e conheceu "um menino indígena que estava fazendo uma coisa proibida. Depois, todo fim de semana que eu podia escapar, pegava uma carona de 1200 quilômetros até Brownsville, no Texas, para arranjar peiote. Em Brownsville o botão de peiote saía por trinta centavos, comprando na rua".

Max havia entrado e saído da maioria das escolas e clínicas chiques da metade leste dos Estados Unidos, já que sua técnica habitual para combater o tédio era fugir. Por exemplo: Max estava num hospital de Nova York e "a enfermeira da noite era uma negra gostosa, à tarde a terapia era com uma garota de Israel bem interessante, mas não tinha nada de bom pra fazer de manhã, então fui embora".

Bebemos um pouco mais de chá verde e falamos sobre ir até o Malakoff Diggins, no condado de Nevada, porque tem um pessoal começando a criar uma comuna por lá, e Max acha que seria um barato tomar ácido nas minas de ouro. Ele diz que talvez possamos ir na próxima semana, ou na seguinte, ou em qualquer momento antes de o seu caso chegar aos tribunais. Quase todo mundo que conheço em San Francisco precisa se apresentar à Justiça em algum momento do futuro próximo. Nunca pergunto o motivo.

Ainda estou interessada em saber como Max se livrou dos seus complexos freudianos de classe média e pergunto se agora ele é completamente livre.

"Não", ele diz. "Tomo ácido."

Max ingere um papelzinho com 250 ou 350 microgramas de ácido a cada seis ou sete dias.

Max e Don dividem um baseado no carro e seguimos para North Beach, para saber se Otto, que tem um emprego temporário lá, quer ir conosco para Malakoff Diggins. Otto está armando uma venda para alguns engenheiros eletrônicos. Os engenheiros veem nossa chegada com certo interesse, talvez, acho eu, porque Max está usando uns guizos e uma bandana indiana. Max tem pouca paciência para engenheiros convencionais e seus problemas freudianos. "Olha só para eles", ele diz. "Estão sempre gritando que somos umas bichas, mas depois descem sorrateiramente para a Haight-Ashbury tentando atrair alguma hippie porque as hippies fodem."

Nem chegamos a convidar Otto para Malakoff Diggins, porque ele começou a me contar sobre uma garota de catorze anos que ele conhece e que foi pega pela polícia no parque outro dia. Ela só estava andando pelo Golden Gate Park, ele diz, sem se meter com ninguém, carregando os livros da escola, quando policiais a levaram, a ficharam como suspeita e ainda fizeram um exame pélvico nela. "*Catorze anos*", diz Otto. "*Um exame pélvico.*"

"Quando o efeito do ácido está baixando", ele acrescenta, "isso pode dar uma onda muito ruim."

Ligo para Otto na tarde seguinte para ver se ele pode me levar até a garota de catorze anos. Acontece que ela está envolvida com os ensaios da peça escolar do ensino fundamental, que será *O Mágico de Oz*. "Hora de pegar a estrada dos tijolos amarelos", Otto diz. Ele tinha passado o dia doente. Acha que foi cocaína malhada com trigo que alguém lhe deu.

Em volta dos grupos de rock há sempre umas garotinhas — as mesmas que antes perambulavam com saxofonistas, garotinhas que vivem da fama, do poder e do sexo que as bandas exalam quando tocam —, e nessa tarde três delas estão aqui em Sausalito, onde o Grateful Dead está ensaiando. São todas bonitas, duas ainda não perderam as formas arredondadas da infância e uma dança sozinha de olhos fechados.

Pergunto a duas delas o que elas fazem.

"Em geral venho bastante aqui", diz uma.

"Eu meio que conheço os Dead", diz a outra.

A que meio que conhece os Dead começa a fatiar uma bisnaga de pão francês sobre o banco do piano. Os garotos fazem um intervalo e um deles fala em tocar no Cheetah de Los Angeles, onde antes ficava o Aragon Ballroom. "Estivemos lá bebendo cerveja, no mesmo lugar onde Lawrence Welk* costumava se sentar", lembra Jerry Garcia.

A garota que estava dançando sozinha dá uma risada tola. "Demais", ela diz com a voz suave. Seus olhos continuam fechados.

Alguém disse que, se eu estava indo conhecer alguns garotos fugitivos, era melhor comprar uns hambúrgueres e Coca-Cola no caminho, então fiz isso, e agora estamos comendo juntos no parque, eu, Debbie, de quinze anos, e Jeff, de dezesseis. Debbie e Jeff saíram de casa há doze dias, fugindo da escola numa manhã com um total de cem dólares entre os dois. Como recai sobre Debbie uma ordem de busca de menor desaparecida — ela já estava em liberdade condicional porque sua mãe a levou para a delegacia e alegou que ela era incorrigível —, esta é apenas a segunda vez que eles saem do apartamento de um amigo, desde que chegaram a San Francisco. A primeira vez eles foram pro hotel Fairmont e ficaram andando no elevador panorâmico, subindo e descendo, três vezes em cada direção. "Uau!", diz Jeff, e isso é tudo que ele consegue verbalizar sobre o assunto.

Pergunto por que fugiram.

"Meus pais disseram que eu tinha que ir à igreja", conta Debbie. "E eles não deixavam eu me vestir como eu queria. Na sétima série a minha saia era a mais comprida de toda a turma. Melhorou na oitava, mas nem tanto."

"Sua mãe era meio chata", Jeff concorda.

---

* Músico e apresentador do *The Lawrence Welk Show*, programa de variedades que fez sucesso na TV americana entre 1951 e 1982.

"Eles não gostavam do Jeff. Não gostavam das minhas amigas. Meu pai me dizia que eu era vulgar. Eu tinha média C e ele dizia que eu não podia namorar até ter notas mais altas, isso também me aborrecia."

"Minha mãe era a típica vaca americana", Jeff revela. "Ela sempre encrencava com o meu cabelo. E também não gostava de botas. Era brabo."

"Conta das suas tarefas", Debbie sugere.

"Por exemplo, eu tinha certas tarefas. Se não terminasse de passar as camisas da semana toda, não podia sair no fim de semana. Afe, era brabo."

Debbie dá uma risadinha, balançando a cabeça. "Este ano vai ser muito doido."

"Vamos deixar as coisas acontecerem", diz Jeff. "Tudo está no futuro, não dá pra planejar nada de antemão. Primeiro vamos conseguir emprego, depois um lugar para morar. E, depois, não sei."

Jeff acaba com as batatas fritas e fica pensando que tipo de trabalho poderia conseguir. "Eu sempre gostei de metalurgia, de fazer soldagem, coisas desse tipo." Comento que talvez ele pudesse trabalhar com carros. "Não tenho uma cabeça muito mecânica", ele diz. "Em todo caso, não dá pra planejar de antemão."

"Eu poderia trabalhar como babá", diz Debbie. "Ou numa loja de quinquilharias qualquer."

"Você sempre fala sobre arranjar emprego numa dessas lojas", diz Jeff.

"É que eu já trabalhei em uma."

Debbie está polindo as unhas com o cinto de sua jaqueta de camurça. Está chateada porque quebrou uma unha e também porque eu não tenho removedor de esmalte no carro. Prometo levá-la à casa de uma amiga para que ela possa refazer a manicure, mas algo ainda me atormenta e, quando arranco com o carro, finalmente coloco a questão. Peço a eles que pensem em quando eram crianças, que me digam o que queriam ser quando crescessem, como viam o futuro naquela época.

Jeff joga uma garrafa de Coca-Cola pela janela. "Não me lembro de já ter pensado nisso alguma vez", diz ele.

"Lembro que já quis ser veterinária", diz Debbie. "Mas agora estou mais ou menos trabalhando no sentido de virar artista ou modelo ou cosmetóloga. Alguma coisa assim."

Ouço falar bastante de um policial, Arthur Gerrans, cujo nome se tornou sinônimo de fanatismo na Haight Street. "Ele é o nosso agente Krupke",* Max me disse uma vez. Max não tem nenhum apreço pelo agente policial Gerrans porque foi ele que o prendeu após o Human Be-In do último inverno, me refiro ao grande evento Human Be-In, no Golden Gate Park, no qual 20 mil pessoas se drogaram livremente, ou 10 mil, ou algum outro número, mas no fim das contas, em algum momento, o policial Gerrans levou quase todo mundo em cana. Presumivelmente para evitar o culto à personalidade, transferiram Gerrans para outra delegacia não faz muito tempo e, assim, não é no distrito do Golden Gate Park que o encontro, mas na delegacia central, na Greenwich Avenue.

Estamos numa sala de interrogatórios, e sou eu que estou interrogando o agente policial Gerrans. Ele é jovem, loiro e desconfiado, então avanço devagar. Pergunto quais são, na opinião dele, os "principais problemas" da Haight.

O agente Gerrans pensa a respeito. "Eu diria que os principais problemas de lá", por fim ele responde, "os principais

---

* O agente Krupke é um personagem do musical *West Side Story*, que estreou em 1957 na Broadway. Em 1961, foi adaptado para o cinema. No Brasil o filme se chama *Amor, sublime amor*.

problemas são os jovens menores de idade e as drogas, esses são os maiores problemas."

Anoto.

"Só um minuto", ele diz, e sai da sala. Quando retorna, o agente Gerrans me diz que não posso falar com ele sem a autorização do delegado Thomas Cahill.

"Nesse meio-tempo", o agente Gerrans acrescenta, apontando para o caderno onde eu havia escrito *principais problemas: jovens menores de idade, drogas*, "eu ficarei com essas anotações."

No dia seguinte, peço permissão para falar com o agente Gerrans e também com o delegado Cahill. Alguns dias depois um sargento retorna minha ligação.

"Por fim o chefe nos autorizou a responder ao seu pedido", diz o sargento, "e negativo, não é permitido."

Queria saber por que não é permitido falar com o agente policial Gerrans.

O agente policial Gerrans está envolvido em processos que serão julgados no tribunal.

Queria saber por que não é permitido falar com o chefe Cahill.

O chefe está tratando de assuntos policiais urgentes.

Queria saber se eu poderia falar com qualquer pessoa do Departamento de Polícia.

"Não", o sargento responde, "não neste exato momento."

Esse foi meu último contato oficial com o Departamento de Polícia de San Francisco.

Norris e eu estamos caminhando no Panhandle, dentro do Golden Gate Park, e Norris me diz que está tudo organizado para que um amigo dele me leve até Big Sur. Digo que o que realmente quero é passar alguns dias com ele e sua mulher e o resto da turma na casa deles. Norris diz que seria bem mais fácil se eu tomasse um pouco de ácido. Explico que sou instável. Norris diz que tudo bem, então, mas pelo menos uma *erva*, e aperta minha mão.

Um dia Norris me pergunta quantos anos tenho. Digo que tenho 32. Depois de alguns minutos, Norris reage. "Não se preocupe", por fim ele diz, "existem hippies velhos também."

É uma noite agradável, sem nenhum grande acontecimento, e Max traz sua parceira, Sharon, para o Armazém. O Armazém, onde Don vive com um número variável de pessoas, não é propriamente um armazém, como indica o nome, mas a garagem de um hotel arruinado. Foi concebido para ser um Teatro Total, um happening contínuo, e eu sempre me sinto bem lá. No Armazém, o que aconteceu dez minutos atrás ou o que acontecerá daqui a meia hora tende a se desvanecer da mente. Em geral alguém sempre está produzindo algo interessante, como um espetáculo de luzes, e há muitas coisas atrativas por lá, como um velho carro de turismo Chevrolet que é usado como cama, uma enorme bandeira americana tremulando nas sombras e uma cadeira estofada suspensa por vigas, como se fosse um balanço, o que chega a dar um barato tamanha a privação sensorial.

Uma das razões por que eu gosto tanto do Armazém é que um menino chamado Michael está morando lá. Sue Ann, a mãe dele, é uma garota doce e lívida que está sempre na cozinha, cozinhando algas marinhas ou assando pão macrobiótico, enquanto Michael se entretém com varetas de incenso, com uma velha pandeireta ou com um cavalo de balanço com a pintura gasta. Michael estava montado nele na primeira vez em que o vi: uma criança muito loira, pálida e suja naquele cavalinho descascado. Naquela tarde no Armazém não havia outra luz a não ser a de um holofote azul de teatro. E no centro dela estava Michael, cantarolando baixinho para o cavalo de madeira. Michael tem três anos. É uma criança esperta, mas ainda não fala.

Nessa noite em particular Michael está tentando acender os incensos enquanto as pessoas habituais vagueiam pelo local, e acabam todas entrando no quarto de Don, sentando-se na cama e compartilhando baseados. Sharon chega bem animada. "*Don*", ela exclama, ofegante. "Hoje temos STP." Vale lembrar que nessa época o STP era algo grande, ninguém ainda sabia bem o que era esse alucinógeno e era relativamente difícil de conseguir, mas só relativamente. Sharon é loira e sadia e deve ter dezessete anos, mas Max é um pouco vago em relação à idade dela; afinal, ele será julgado em mais ou menos um mês e não precisa de uma acusação de estupro de menor de idade, que complicaria ainda mais o caso. Da última vez que Sharon viu seus pais, eles estavam morando em casas separadas. Ela não sente falta da escola nem de praticamente nada do passado, exceto do irmão mais novo. "Quero ajudar a estimular a cabeça dele", ela revelou um dia. "Ele tem catorze anos, é a idade perfeita. Está no ensino médio e sei onde estuda, um dia desses vou lá buscá-lo."

O tempo passa, perco o fio da meada e, quando volto a atinar, Max parece estar falando sobre como é lindo o jeito como Sharon lava a louça.

"Ah, *que bonito*", Sharon diz. "*Tudo* é bonito. A gente fica vendo a gota espessa do detergente azul deslizando no prato, a gordura sendo eliminada… cara, isso pode ser uma viagem."

Muito em breve, talvez no mês que vem, talvez mais adiante, Max e Sharon pensam em partir para a África ou para a Índia, onde poderão viver da terra, do próprio plantio. "Tenho um pequeno fundo fiduciário, sabe", Max comenta; "isso é útil porque garante aos policiais e às patrulhas de fronteiras que tenho uma boa situação, mas viver da terra é o que importa. A gente pode se drogar e comprar maconha na cidade, tudo bem, mas precisamos ir para algum lugar viver de forma mais orgânica."

"Raízes e coisas assim", diz Sharon, acendendo outro incenso para Michael. A mãe dele ainda está na cozinha, preparando algas marinhas. "São comestíveis."

Por volta das onze horas, saímos do Armazém para o lugar onde Max e Sharon moram com Tom e Barbara, um outro casal. Sharon está contente de chegar em casa ("Espero que tenha uns cigarros de haxixe prontos na cozinha", ela diz cumprimentando Barbara) e todos estão contentes de mostrar o apartamento, que está repleto de flores, velas e estampas de caxemira. Max e Sharon e Tom e Barbara ficam bem doidos com o haxixe, e todos dançam um pouco e fazemos umas projeções de luzes líquidas e montamos um estroboscópio e nos revezamos para observá-lo e curtir uma onda. Já tarde, alguém chamado Steve aparece com uma moça negra bonita. Eles vinham de um encontro de praticantes de ioga ocidental, mas aparentemente não querem falar sobre isso. Deitam-se um pouco no chão, depois Steve se levanta.

"Max", ele diz. "Quero te falar uma coisa."

"Fala aí, é a sua onda." Max está inquieto.

"Eu encontrei o amor com o ácido. Mas depois perdi. E agora estou encontrando de novo. Só com a erva, mais nada."

Max murmura que tanto o céu quanto o inferno estão no carma de cada um.

"É isso que me incomoda na arte psicodélica", diz Steve.

"O que é que tem a arte psicodélica?", diz Max. "Não tenho visto muita arte psicodélica."

Max está estirado na cama com Sharon, e Steve se inclina sobre ele. "Que curtição, cara", ele diz. "Você é pura curtição."

Steve volta a se sentar e me conta sobre um verão que ele passou numa escola de desenho em Rhode Island e que lá fez trinta viagens de ácido, as últimas todas ruins. Pergunto por que foram ruins. "Eu poderia te dizer que foi pela minha neurose", ele responde. "Mas foda-se isso."

Alguns dias depois, passo para visitar Steve em seu apartamento. Nervoso, ele dá voltas na sala que usa como ateliê e me mostra algumas pinturas. Parece que não estamos chegando ao ponto.

"Talvez você tenha notado que algo está acontecendo na casa do Max", ele diz abruptamente.

Parece que a garota que acompanhava Steve, a moça negra bonita, já esteve com Max. Ela o havia seguido até o Tânger e agora até San Francisco. Mas Max está com Sharon. "Então, ela está meio que ficando por aqui", diz Steve.

Steve anda preocupado com um monte de coisas. Ele tem 23 anos, foi criado na Virgínia e tem a ideia de que a Califórnia é o princípio do fim. "Parece insano", ele diz, e baixa a voz de repente. "Essa garota me diz que a vida não tem sentido, mas isso não importa, vamos embora, no fluxo. Houve momentos em que tive vontade de fazer as malas e voltar para a Costa Leste, pelo menos lá eu tinha uma *meta*. Pelo menos lá você espera que algo vá *acontecer*." Ele acende um cigarro para mim e suas mãos tremem. "Aqui você sabe que não vai."

Eu pergunto o que é que deveria acontecer.

"Não sei", ele diz. "Alguma coisa. Qualquer coisa."

Arthur Lisch está ao telefone na cozinha de sua casa, tentando vender ao VISTA* um programa social para o Distrito. "Já *temos* uma emergência", ele diz, enquanto tenta desembaraçar sua filha, de um ano e meio, do fio do telefone. "Não

* Sigla de Volunteers in Service to America, programa criado em 1965 pelo presidente John F. Kennedy, que alocava voluntários pelos Estados Unidos para que atuassem em projetos comunitários voltados ao combate à pobreza. Uma das primeiras ações do programa foi destinada a trabalhadores rurais que imigraram para a Califórnia.

temos ajuda aqui, ninguém pode garantir o que vai acontecer. Tem gente dormindo nas ruas, tem gente prestes a morrer de fome." Ele faz uma pausa. "Está bem", diz em seguida, e sua voz sobe de tom. "Então tá, eles estão fazendo isso por opção. E daí?"

Quando ele desliga, já terminou de pintar um retrato, a meu ver bastante dickensiano, da vida nos limites do Golden Gate Park. Mas essa é a primeira vez que ouço Arthur Lisch com esse papo de "motim nas ruas, a não ser que". Arthur Lisch é uma espécie de líder dos Diggers, ou Cavadores, que na mitologia oficial de Haight-Ashbury é um grupo formado supostamente por benfeitores anônimos, cujas mentes coletivas não pensam em nada que não seja ajudar o próximo. A mitologia oficial do Distrito também sustenta que os Diggers não têm "líderes", no entanto Arthur Lisch é um deles. Arthur Lisch também faz um trabalho remunerado para o American Friends' Service Committee, associação afiliada aos quacres, e mora com sua esposa, Jane, e seus dois filhos pequenos em um apartamento estreito, onde pelo menos nesse dia em particular reina a desordem. Primeiro porque o telefone não para de tocar. Arthur promete participar de uma audiência na prefeitura. Arthur promete "mandar Edward, ele está bem". Arthur promete conseguir uma boa banda, talvez a Loading Zone, que tope tocar de graça em um evento beneficente judaico. Além disso, a bebê está chorando sem parar, até que Jane Lisch entra em cena com um pote de papinha Gerber Junior de macarrão com frango. Outro elemento do ambiente confuso é um sujeito chamado Bob, que fica o tempo todo sentado na sala olhando para os próprios pés. Primeiro ele admira os dedos de um pé, depois do outro. Faço várias tentativas de incluir Bob na conversa, até que me dou conta de que ele está numa *bad trip*. E, além do mais, duas pessoas estão picando algo que parece ser um pedaço de carne, no chão da cozinha. A ideia é

que, quando terminarem de picar, Jane Lisch cozinhe a carne, que será a alimentação dos Digger no parque.
  Arthur Lisch não parece reparar em nada disso. Ele apenas continua falando sobre as sociedades cibernéticas e a garantia do salário mínimo anual e os motins nas ruas, a não ser que.
  Ligo para a casa dos Lisch um ou dois dias depois e pergunto por Arthur. Jane Lisch diz que ele está no vizinho tomando banho porque no banheiro deles há alguém se recuperando de uma *bad*. Além desse surtado no banheiro, estão esperando um psiquiatra, para cuidar de Bob. E também um médico, para Edward, que na verdade não está bem, está gripado. Jane diz que talvez eu devesse falar com Chester Anderson. Mas não me dá o telefone dele.

Chester Anderson é um legado da Geração Beat, um homem de uns trinta e tantos anos cuja importância peculiar no Distrito deriva do fato de que ele tem um mimeógrafo, no qual imprime comunicados assinados pela "companhia de comunicação". Segundo outro princípio da mitologia oficial do Distrito, a companhia de comunicação se dispõe a imprimir qualquer coisa que qualquer um tenha a dizer, mas a verdade é que Chester Anderson só imprime o que ele mesmo escreve ou aquilo com que concorda ou que considera inofensivo ou ultrapassado. Seus informes, deixados em pilhas ou colados em vitrines da Haight Street e arredores, são vistos com certa apreensão no Distrito e com considerável interesse pelas pessoas de fora, que os examinam como se fossem relatos dos americanos observadores da China no contexto da Guerra Fria em busca de mudanças sutis em ideologias obscuras. Os comunicados que Anderson emite podem ter propósitos tão específicos quanto dedurar publicamente alguém que supostamente armou uma apreensão de maconha, como também podem ter um viés mais genérico:

Uma bela garotinha de classe média, de dezesseis anos, vem até a Haight para ver o que está rolando e acaba sendo pega por um traficante de rua, de dezessete anos, que passa o dia todo enchendo-a de anfetaminas, depois a entope com 3 mil microgramas de ácido. O corpo temporariamente desempregado da menina é violentado no maior estupro coletivo ocorrido na Haight Street desde a noite de anteontem. Política e ética do êxtase. Currar na Haight Street virou uma bobagem qualquer. Crianças estão passando fome na rua. Corpos e mentes estão sendo mutilados diante de nossos olhos, uma maquete do Vietnã.

Alguém que não é Jane Lisch me deu o endereço de Chester Anderson, que seria Arguello, 443, mas o número 443 não existe nesse boulevard. Telefono para a esposa do homem que me disse Arguello, 443, e ela diz que é Arguello, 742.
"Mas não vai lá, não", ela acrescenta.
Digo que vou telefonar.
"Não tem telefone", ela diz. "Não posso te dar o número."
"Arguello, 742", confirmo.
"Não", ela insiste. "Eu não sei. E não vai lá. E se for, não use o meu nome nem o do meu marido."
Ela é esposa de um professor titular de literatura inglesa na Universidade Estadual de San Francisco. Decido manter discrição, por um tempo, sobre o assunto Chester Anderson.

Paranoia strikes deep
Into your life it will creep*
                diz uma música da banda
                Buffalo Springfield.

---

* "A paranoia bate fundo/ Adentra o seu mundo."

A atração por Malakoff Diggins anda esquecida, mas Max pergunta por que não vou para a casa dele, só pra estar lá, na próxima vez em que ele tomar ácido. Tom vai tomar também, Sharon provavelmente e talvez Barbara. Não vai poder ser nos próximos seis ou sete dias, porque agora Max e Tom estão na onda do STP. Eles não piram em STP, mas a droga tem suas vantagens. "Não afeta o encéfalo frontal", diz Tom. "Eu poderia escrever depois do STP, mas não do ácido." É a primeira vez que ouço falar de alguma coisa que não se pode fazer com ácido e também a primeira vez que ouço dizer que Tom escreve.

Otto está se sentindo melhor, pois descobriu que não foi cocaína com trigo que o deixou doente. Foi catapora, que ele pegou quando tomou conta das crianças para os Big Brother and the Holding Company, numa noite em que a banda estava tocando. Passo para visitá-lo e conheço a Vicki, que de vez em quando canta com um grupo chamado Jook Savages e mora com Otto. Vicki abandonou os estudos na Laguna High School ("porque tive mononucleose") e depois foi atrás dos Grateful Dead até San Francisco, onde tem ficado "por um tempo". Seus pais são separados e ela nunca vê o pai, que trabalha para uma rede de televisão em Nova York. Alguns meses atrás ele esteve aqui para fazer um documentário sobre o Distrito e tentou encontrá-la, mas não conseguiu. Depois escreveu uma carta para ela, que enviou para o endereço da mãe, insistindo para que ela voltasse para a escola. Vicki acha que talvez possa voltar a estudar um dia, mas não vê muito sentido nisso agora.

Estamos comendo um tempurá em Japantown, Chet Helms e eu, e ele me põe a par de algumas de suas ideias. Até uns dois anos atrás, Chet Helms não fazia nada além de pegar caronas, mas agora ele dirige o Avalon Ballroom e sobrevoa o Polo para ficar por dentro da cena londrina e diz coisas como: "Só por uma questão de clareza, eu gostaria de categorizar os aspectos da religião primitiva, tal como os vejo". Nesse momento ele está falando sobre Marshall McLuhan e sobre como a palavra impressa está acabada, fora, já era. "O *East Village Other* é um dos poucos jornais americanos que não está no vermelho", ele diz. "Sei disso porque leio o *Barron's*."

Um novo grupo deve tocar hoje no Panhandle, mas eles estão tendo problemas com o amplificador, e eu me sento ao sol para escutar duas meninas de uns dezessete anos. Uma delas carregou na maquiagem e a outra usa calça Levi's e botas de caubói. As botas não parecem ser uma afetação, dão a impressão de que a garota chegou de um rancho há umas duas semanas. Me pergunto o que ela está fazendo aqui no Panhandle, tentando fazer amizade com uma garota urbana que a está esnobando, mas não me pergunto por muito tempo; afinal ela é sem graça e desajeitada, e imagino que tenha cursado todos os anos de estudos na escola pública rural lá de onde ela vem, e que lá ninguém nunca a tenha chamado para ir a Reno num sábado à noite para ver um filme no drive-in e tomar uma cerveja à beira do rio, e que por isso ela teria dado o fora. "Sei uma coisa sobre as notas de um dólar", ela está dizendo agora. "Se você consegue uma que tem 'IIII' escrito num canto e 'IIII' em outro canto, você pode levá-la para Dallas, no Texas, e lá te dão quinze dólares por ela."

"Quem dá?", pergunta a garota da cidade.

"Não sei."

"Só há três dados significativos no mundo hoje" foi mais uma coisa que Chet Helms me disse. Nessa noite estávamos no Avalon e o grande estroboscópio girava, com as luzes coloridas e as pinturas fluorescentes, e o lugar estava cheio de jovens do ensino médio tentando parecer em êxtase. O sistema de som do Avalon projeta 126 decibéis a trinta metros, mas para Chet Helms o som simplesmente está lá, assim como o ar, e ele fala em meio ao barulho. "O primeiro dado é o seguinte", ele diz, "Deus morreu no ano passado e seu obituário saiu na imprensa. O segundo é que 50% da população tem ou terá menos de 25 anos." Um menino chacoalhou uma pandeireta na nossa direção e Chet lhe sorriu com benevolência. "O terceiro", ele completa, "é que eles têm 20 bilhões de dólares irresponsáveis para gastar."

Chega quinta-feira, uma quinta-feira qualquer, e Max, Tom, Sharon e talvez Barbara vão tomar ácido. Querem tomar por volta das três da tarde. Barbara fez um pão fresco, Max foi ao parque buscar flores frescas e Sharon está fazendo um letreiro para a porta, que diz: "NÃO PERTURBE, NÃO TOQUE, NÃO BATA NEM INCOMODE DE NENHUMA OUTRA MANEIRA. COM AMOR". Eu não diria isso ao inspetor de saúde, que deve vir esta semana, nem a nenhum um dos vários agentes antidrogas da vizinhança, mas acho que esse letreiro é a viagem de Sharon.

Quando termina de fazer o letreiro, Sharon fica inquieta. "Posso pelo menos botar o novo disco pra tocar?", ela pergunta a Max.

"Tom e Barbara querem reservá-lo pra quando estiverem doidões."

"Tô ficando entediada aqui sentada o tempo todo."

Max observa ela se levantar num salto e sair.

"É isso que chamam de tensão pré-ácido", ele diz.

Barbara não está por perto. Tom fica entrando e saindo o tempo todo. "Tem todas essas coisas inumeráveis pra gente fazer no último minuto", ele murmura.

"É um troço complicado o ácido", Max diz um tempo depois. Ele está ligando e desligando o som. "Quando uma garota toma ácido, tudo bem se estiver sozinha, mas quando ela mora com alguém a irritação vem à tona. E se as coisas não fluírem bem durante o processo de uma hora e meia antes de você tomar o ácido..." Max pega uma bagana e fica examinando, depois continua a falar. "Eles estão levando um papo com a Barbara lá dentro."

Sharon e Tom chegam.

"Você também tá de saco cheio?", Max pergunta a Sharon.

Sharon não responde.

Max se vira para Tom. "Ela tá bem?"

"Ahã."

"Podemos tomar o ácido?", Max diz, nervoso.

"Eu não sei o que ela vai fazer."

"O que você quer fazer?"

"O que eu quero fazer depende do que ela quiser fazer." Tom está enrolando uns baseados, primeiro esfrega na seda uma resina de maconha que ele mesmo faz. Leva os baseados de volta pro quarto e Sharon o acompanha.

"Toda vez que as pessoas tomam ácido acontecem coisas desse tipo", Max afirma. Um tempo depois, ele se empolga e desenvolve uma teoria a respeito. "Algumas pessoas não gostam de sair de si mesmas, esse é o problema. Você provavelmente não gosta, acho que você ia gostar de tomar só um quarto da dose. Com essa quantidade, ainda tem um ego atuante, um ego que tem desejos. Agora, se a onda for de excitação e o seu parceiro ou parceira estiver doidão em algum canto e não quiser ser tocado, bom, aí você se deprime com o ácido, pode ser que passe meses grilado."

Sharon, sorridente, vai entrando na sala. "Capaz que a Barbara tome um pouco de ácido, estamos todos nos sentindo melhor, fumamos um baseado."

Às três e meia da tarde, Max, Tom e Sharon puseram papeizinhos sob a língua e sentaram-se juntos na sala para esperar o brilho aparecer. Barbara ficou no quarto fumando haxixe. Durante as quatro horas seguintes, a janela no quarto da Barbara ficou batendo, e por volta das cinco e meia da tarde houve uma briga de crianças na rua. O vento da tarde fez uma cortina balançar. No colo de Sharon, um gato arranhou um beagle. Exceto pela música de cítara no toca-discos, não havia nenhum outro som ou movimento até as sete e meia, quando Max disse: "Uau".

Vejo Deadeye na Haight Street e ele entra no meu carro. Até sairmos da rua, ele se senta bem encurvado para não chamar a atenção. Deadeye quer que eu conheça sua parceira, mas antes quer me contar sobre como aprendeu a ajudar as pessoas.

"Aqui estava eu, um jovem valentão de motocicleta", ele diz, "e de repente me dou conta de que os jovens não precisam ficar sozinhos." Deadeye tem claramente um olhar evangelizador e a retórica razoável de um vendedor de carros. Ele é um produto exemplar da sociedade. Tento olhar direto em seus olhos, porque uma vez ele me disse que podia ler a personalidade nos olhos das pessoas, sobretudo logo depois de tomar ácido, o que ele acabou de fazer, por volta das nove da manhã. "Eles só precisam se lembrar de uma coisa", Deadeye enfatiza. "A oração do Senhor. Isso pode ajudá-los de várias maneiras."

Ele tira da carteira uma carta toda dobrada. A carta é de uma garotinha a quem ele ajudou. "Meu amado irmão", assim começa. "Pensei que queria escrever esta carta, já que sou uma parte de você. Lembre-se disso: quando você se sente feliz, eu me sinto também, quando você sente [...]".

"O que quero fazer agora", Deadeye revela, "é fundar uma casa onde pessoas de qualquer idade possam chegar, passar uns dias, falar de seus problemas. *Qualquer idade.* Pessoas da sua idade, por exemplo, também têm problemas."

Digo que uma casa vai demandar dinheiro.

"Descobri uma forma de ganhar dinheiro", diz Deadeye. Ele hesita por alguns segundos. "Eu poderia ter descolado 85 dólares agora mesmo na Haight. Olha só, estou com cem papeizinhos de ácido no bolso. Se eu não voltasse com vinte dólares até esta noite, iam nos despejar da casa onde estamos. Como eu conhecia uma pessoa que tinha ácido e outra que queria ácido, fiz a ponte."

> Desde que a máfia se meteu no tráfico de LSD, a quantidade disponível aumentou e a qualidade caiu [...]. O historiador Arnold Toynbee comemorou seu 78º aniversário na noite de sexta-feira estalando os dedos e sapateando ao som psicodélico do Quicksilver Messenger Service [...]. Essas eram duas notas da coluna diária de Herb Caen, numa certa manhã da primavera de 1967, enquanto o Ocidente declinava.

Quando estive em San Francisco, um microponto ou uma cápsula de LSD-25 custava entre três e cinco dólares, dependendo de quem vendia e em que lugar da cidade. O LSD era um pouco mais barato em Haight-Ashbury do que em Fillmore, onde quase não se usava, praticamente só como artifício sexual, e era vendido por passadores de drogas pesadas, como heroína, também conhecida como "cavalo". Uma grande quantidade do ácido lisérgico estava sendo misturada com metanfetamina, porque a meth, como é conhecida, pode simular o efeito que um ácido ruim não chega a provocar. Ninguém sabe bem quanto de LSD tem num microponto, mas supostamente uma viagem-padrão acontece com 250 microgramas. A maconha estava saindo por dez dólares o tablete, cinco dólares a caixinha de fósforo. O haxixe era considerado um "produto de luxo". Todas as anfetaminas ou "balas" — benzedrina, dexedrina e especialmente a metedrina — foram muito mais usadas no fim da primavera do que haviam sido no início da estação. Uns atribuíam isso à presença do sindicato e a uma deterioração geral do ambiente, com as incursões de gangues, dos hippies mais jovens ou dos hippies "de butique", que gostam das anfetaminas e das ilusões de atividade e de poder que elas dão. Onde a metedrina é largamente utilizada, costuma haver heroína porque, segundo me foi dito, "você pode ficar doido demais tomando cristais, e o cavalo pode ser usado para baixar a sua bola".

A mulher de Deadeye, Gerry, nos encontrou na porta da casa deles. Ela é uma mulher corpulenta e vigorosa, que sempre atuou como conselheira em acampamentos de jovens escoteiras nas férias de verão e fazia "serviço social" na Universidade de Washington, quando decidiu que "ainda não tinha vivido muita coisa" e veio para San Francisco. "Na verdade, em Seattle faz muito calor", ela acrescenta.

"Na minha primeira noite aqui", ela diz, "fiquei hospedada com uma garota que conheci no Blue Unicorn. Eu estava com mochila e tal, parecia mesmo ter acabado de chegar." Depois disso, Gerry ficou numa casa administrada pelos Diggers, e lá ela conheceu Deadeye. "Mas levou um tempo pra eu me adaptar, por isso ainda não trabalhei direito."

Pergunto a Gerry com que ela trabalha. "Basicamente, sou poeta", ela diz. "Mas roubaram meu violão logo que cheguei e isso meio que impediu as coisas."

"Pega os seus livros", ordena Deadeye. "Mostra pra ela."

Gerry resiste, mas depois vai até o quarto e volta com vários cadernos escolares cheios de versos. Enquanto os folheio, Deadeye continua falando sobre ajudar as pessoas. "Se um garoto toma bala", ele diz, "eu vou tentar que ele saia dessa. A única vantagem da droga, do ponto de vista do garoto, é que você não precisa se preocupar em dormir nem comer."

"Nem com sexo", Gerry acrescenta.

"Verdade. Sob efeito da bala, ninguém precisa de *nada*."

"E ela pode levar a drogas mais pesadas", diz Gerry. "Os malucos por meth, quando começam a enfiar a agulha no braço, ah, depois não custam a querer experimentar heroína também."

Nesse tempo todo estou dando uma lida nos poemas de Gerry. São poemas de uma menina novinha. Escritos com caligrafia esmerada, todos têm um arabesco no final. Auroras são rosadas, céus tingidos de prata. Quando Gerry escreve "cristal" no seu livro, ela não está falando de metanfetamina.

"Você precisa voltar a escrever", diz Deadeye, afetuosamente. Mas Gerry ignora o comentário. Ela está falando sobre alguém que ontem a abordou com uma proposta. "O cara se aproximou de mim na rua e me ofereceu seiscentos dólares para ir a Reno e fazer o negócio."

"Você não é a única que ele abordou", diz Deadeye.

"Se alguma guria quiser ir com ele, tudo bem", diz Gerry. "Só não corte meu barato." Ela esvazia a lata de atum que estamos usando como cinzeiro e vai dar uma olhada na garota que está dormindo no chão. É a mesma que já dormia no chão da primeira vez que vim à casa de Deadeye. Ela está doente há mais ou menos uma semana, dez dias. "Geralmente, quando alguém se aproxima de mim desse jeito na rua", Gerry acrescenta, "eu meto porrada pra ver se ele se manca."

Quando vi Gerry no parque no dia seguinte, perguntei pela menina doente, e Gerry, bem alegre, disse que ela estava no hospital com pneumonia.

Max me conta como ele e Sharon ficaram juntos. "Na primeira vez em que a vi na Haight, meus olhos brilharam. Fiquei vidrado. Então, comecei uma conversa sobre o colar de contas que ela usava, mas, sabe, eu não estava nem aí pro colar."

Sharon morava na mesma casa que um amigo do Max e ele a viu pela segunda vez quando foi lá levar uma penca de bananas pro amigo. "Foi no auge da moda do lance das bananas. Você meio que tinha que impor sua personalidade e obrigar os caras a tragar as cascas de banana. Sharon e eu éramos que nem crianças, ficávamos fumando bananas e nos entreolhando, fumando mais e nos entreolhando sem parar."

Mas Max ficou na dúvida. Para começar, ele achou que Sharon estava namorando o amigo dele. "Por outro lado, eu não sabia se queria mesmo me amarrar numa patroa." Mas quando voltou àquela casa mais uma vez, Sharon tinha tomado ácido.

"Aí todo mundo gritou: lá vem o cara da banana", Sharon o interrompe. "Fiquei superexcitada", ela complementa.

"Ela estava morando nessa casa de malucos", Max continua. "Tinha um garoto lá que não fazia nada além de gritar. A onda dele era ficar gritando. Era demais para aguentar." Max ainda tinha reservas em relação a Sharon. "Mas aí ela me deu um papelzinho, e eu soube."

Max foi até a cozinha e voltou com o papelzinho, pensando se devia tomá-lo. "Até que decidi deixar a coisa fluir, e aconteceu. Porque quando você toma ácido com alguém por quem está com tesão, você vê o mundo inteiro derreter nos olhos dela."

"É mais forte do que qualquer coisa deste mundo", Sharon reforça.

"Nada pode acabar com algo assim", Max diz. "Enquanto dura."

No milk today
My love has gone away […]
The end of my hopes

The end of all my dreams*
diz uma música que eu ouvia todo dia de manhã
na
primavera fria e tardia de 1967,
na
KRFC, a estação de rádio Flower Power de San Francisco.

Deadeye e Gerry me dizem que pretendem se casar. Um pastor episcopal do Distrito prometeu celebrar o casamento no Golden Gate Park, algumas bandas de rock vão tocar, "uma coisa de comunidade autêntica". O irmão de Gerry também está para se casar, em Seattle. "Não deixa de ser interessante", Gerry reflete, "porque, sabe como é, o casamento dele vai ser todo tradicional e sério, contrasta totalmente com o nosso."

"No dele eu vou ter que usar gravata", diz Deadeye.

"Vai mesmo", Gerry concorda.

"Os pais dela vieram para cá para me conhecer, mas não estavam prontos pra isso", Deadeye comenta, filosofando.

"Mas por fim eles abençoaram a nossa união", diz Gerry. "De certo modo."

"Eles vieram falar comigo e o pai disse: 'Cuide bem dela'", Deadeye relembra. "E a mãe dela disse: 'Não deixe ela parar na cadeia'."

Barbara assou uma torta macrobiótica de maçã, que agora ela, Tom, Max, Sharon e eu estamos comendo. Barbara me conta que aprendeu a encontrar a felicidade nas "coisas de mulher". Ela e Tom tinham ido viver com os indígenas em algum lugar e apesar de, a princípio, ela ter achado difícil ser deixada de lado

---

* Trecho da música "No Milk Today", de Graham Gouldman, gravada pela banda britânica Herman's Hermits, em 1966: "Hoje o leite não chegou/ Meu amor se mandou [...]/ É o fim das minhas esperanças/ É o fim dos meus sonhos".

com as outras mulheres, e nunca poder participar das conversas masculinas, logo entendeu o porquê daquilo. "Era ali que estava a *viagem*", ela diz.

Barbara incorporou essa tal viagem da mulher a ponto de excluir quase tudo o mais. Quando ela, Tom, Max e Sharon precisam de dinheiro, Barbara arruma um trabalho de meio expediente, como modelo ou professora de jardim de infância, mas não gosta de ganhar mais de dez ou vinte dólares por semana. Na maior parte do tempo ela cuida da casa e cozinha. "Fazer algo assim, que demonstre o seu amor", ela diz, "acho que é a coisa mais linda que existe." Sempre que alguém vem me falar sobre coisas de mulher, e isso é frequente, penso logo naquela ideia de que "ninguém diz te amo tão bem quanto o que sai do forno", na Mística Feminina e em como as pessoas conseguem ser instrumentos inconscientes de valores que, no nível consciente, rejeitariam vigorosamente. Mas não falei sobre isso com Barbara.

Faz um dia bonito. Desço a Haight Street dirigindo e vejo Barbara no sinal.

Ela quer saber o que estou fazendo.

Só estou dando uma volta de carro.

"Bacana", ela diz.

"O dia está lindo", digo.

"Bacana", ela concorda.

Ela quer saber se vou aparecer por lá. Respondo que vou, qualquer hora dessas.

"Bacana", ela repete.

Pergunto se ela quer dar uma volta de carro pelo parque, mas ela está muito ocupada. Saiu para comprar lã para o seu tear.

Arthur Lisch agora fica muito nervoso quando me vê, porque o discurso dos Diggers desta semana é que ninguém deve conversar com a "mídia venenosa", que sou eu. Então, continuo sem uma brecha para acessar Chester Anderson, mas, um dia, encontro no Panhandle um garoto que diz ser "sócio" dele. Ele veste uma capa preta, um chapéu preto com abas longas, um moletom de cor malva da Ordem Internacional das Filhas de Jó e óculos escuros. Diz que seu nome é Claude Hayward, mas isso não importa porque só penso nele como o Contato. O Contato propõe "me inspecionar".

Tiro os óculos de sol para que ele possa ver meus olhos. Ele não tira os seus.

"Quanto você ganha pra fazer esse tipo de envenenamento midiático?", ele começa assim a conversa.

Volto a pôr os óculos escuros.

"Só tem um jeito de você saber onde a coisa acontece", diz o Contato, apontando o polegar para o fotógrafo que está comigo. "Dispense esse cara e vá para a Haight. Não leve dinheiro, você não vai precisar." Ele mete a mão sob a capa e tira uma folha mimeografada que anuncia uma série de cursos na Loja Gratuita dos Diggers sobre: como evitar ser preso, estupro, estupro coletivo, doenças venéreas, gravidez, espancamentos e inanição. "Você tem que ir", diz o Contato. "Vai ser necessário para você."

Digo que talvez eu vá, mas que nesse meio-tempo queria falar com Chester Anderson.

"Se por acaso a gente decidir entrar em contato com você", diz o Contato, "será logo, logo." Depois disso, ele ficou de olho em mim no parque, mas nunca ligou para o número que lhe dei.

Começa a escurecer, faz frio e ainda é cedo para encontrar Deadeye no Blue Unicorn, então toco a campainha de Max. Barbara abre a porta.

"Max e Tom estão com uma pessoa numa reunião de negócios", ela diz. "Você pode voltar um pouco mais tarde?"

Me custa imaginar em que tipo de reunião de negócios Max e Tom podem estar, mas descubro uns dias depois, no parque.
"Ei", Max me chama. "Desculpe por não terem te deixado entrar no outro dia, mas estávamos fazendo *negócios*." Dessa vez, entendo. "Pegamos uma coisa da melhor qualidade", ele diz e começa a me explicar os detalhes. Um terço das pessoas que estão no parque nesta tarde parece ser agente de narcóticos, então tento mudar de assunto. Mais tarde sugiro a Max que seja mais cauteloso em público. "Olha, eu tenho bastante cuidado", ele diz. "Todo cuidado é pouco."

A essa altura tenho um contato não autorizado e extraoficial no Departamento de Polícia de San Francisco. O que acontece é que meus encontros com esse policial são como os encontros dos filmes da madrugada. Por exemplo, eu por acaso estou sentada na arquibancada de um jogo de beisebol, ele coincidentemente se senta ao meu lado e papeamos com certa reserva sobre generalidades. Não trocamos nenhuma informação, na verdade, mas aos poucos começamos a simpatizar um com o outro.
"Os garotos não são muito espertos", ele me disse nesse dia. "Dizem que sempre identificam os policiais à paisana, que conhecem até 'o tipo de carro que eles dirigem'. Só que eles não estão falando dos policiais à paisana, e sim dos que usam roupas comuns em vez de uniformes, e que não usam carros oficiais, como eu. Eles não reconhecem os que trabalham à paisana. Estes não saem num Ford preto com rádio transceptor."
Ele me fala sobre um policial à paisana que foi retirado do Distrito porque achavam que ele já havia se exposto muito e ficara conhecido. O homem foi transferido para a brigada de narcóticos e, por engano, o mandaram de volta para o Distrito para espionar o uso de drogas.

O policial brinca com suas chaves. "Quer saber o quão espertos esses garotos são?", finalmente ele diz. "Só na primeira semana, esse policial fez 43 detenções."

Os Jook Savages devem estar dando uma festa em Larkspur para celebrar o Primeiro de Maio. Passo no Armazém e Don e Sue Ann dizem que seria uma boa ideia irmos de carro até lá porque faz tempo que Michael, o filho de três anos de Sue Ann, não passeia. O tempo está arejado e o Golden Gate rodeado por uma névoa ao pôr do sol. Don pergunta a Sue Ann quantos sabores ela é capaz de distinguir num único grão de arroz, e Sue Ann lhe responde que talvez ela devesse aprender a cozinhar *yang*, que talvez todos sejam *yin* demais no Armazém, e enquanto isso eu tento ensinar "Frère Jacques" para Michael. Cada um no seu barato, a viagem foi muito agradável. Ainda bem, pois quando chegamos não havia ninguém onde moram os Savages, nem eles próprios. Quando voltamos, Sue Ann resolve cozinhar as maçãs que estavam no terreno ao redor do Armazém, Don vai trabalhar no seu espetáculo de luzes e eu desço para falar um instante com Max. "Incrível", diz Max sobre a escapulida para Larkspur, "passar pela cabeça de alguém que seria maneiro deixar quinhentas pessoas doidonas no primeiro dia de maio, e seria maneiro mesmo, mas acaba que em vez disso todo mundo fica chapado no último dia de abril, então nada acontece depois. Se acontecesse, ótimo. Se não, tudo bem. Tanto faz. Ninguém está nem aí."

Um garoto com aparelho nos dentes toca seu violão e gaba-se de ter conseguido o último STP entregue diretamente pelo Senhor O.,[*] outro sujeito fica dizendo que mês que vem vão

---

[*] Referência a Owsley Stanley, químico conhecido por fabricar LSD de boa qualidade. Foi também engenheiro de som dos Grateful Dead.

liberar cinco gramas de ácido, e vê-se que nada de relevante está acontecendo nessa tarde ao redor da sede do *San Francisco Oracle*.* Um jovem, sentado numa tábua de desenho, faz as figuras infinitesimais que pessoas sob efeito de bala costumam desenhar, e o garoto de aparelho o observa. "*I'm gonna shoot my woman*", ele canta, baixinho. "*She been with another man.*"** Alguém está fazendo a numerologia do meu nome e do nome do fotógrafo que me acompanha. Na do fotógrafo, só há o mar e muito branco ("Se eu fosse fazer um colar de contas pra você, sabe, seriam quase todas brancas", alguém lhe diz), no meu há um duplo símbolo da morte. Como a tarde parece estar levando a lugar nenhum, nos sugerem dar um pulo no bairro japonês e procurar por lá alguém que se chama Sandy, que nos levará a um templo zen.

Na casa de Sandy, quatro garotos e um homem de meia-idade estão sentados num tapetinho de grama, bebericando chá de anis e ouvindo a leitura feita por Sandy de *You Are Not The Target* [Você não é o alvo], livro de Laura Huxley.

Nos sentamos e também tomamos um pouco de chá. "A meditação nos estimula", diz Sandy. Ele tem a cabeça raspada e o tipo de rosto angelical que geralmente se vê nas fotografias de assassinos em massa publicadas nos jornais. O homem de meia-idade, que se chama George, começa a me incomodar porque está em transe, ao meu lado, e fica me encarando sem me ver.

Sinto que estou perdendo o controle da minha cabeça — George está *morto*, ou *todos* estamos — quando toca o telefone.

---

* Jornal contracultural produzido em Haight-Ashbury entre 1966 e 1968.
** "Vou atirar na minha mulher" e "Ela foi pega com outro cara" são variações de versos da canção "Hey Joe", de Billy Roberts, 1966, gravada por vários artistas e bandas, como The Jimi Hendrix Experience.

"É pro George", diz Sandy.
"George, *tele*fone."
"*George.*"
Alguém acena com a mão na cara de George e ele finalmente se levanta, inclina o corpo e vai andando em direção à porta na ponta dos pés.
"Acho que vou tomar o chá do George", alguém diz. "George, você vai voltar?"
George para na porta, se vira e olha para cada um de nós. "Em um instante", ele rosna.

Sabe quem é o primeiro e eterno astronauta deste universo?
O primeiro a mandar exageradas vibrações
Para todas essas cósmicas superestações?
Porque a canção que ele canta aos gritos
Deixa os planetas enfurecidos...
E antes que me ache doido vou trazer a lume
Que estou falando de Narada Muni...
Cantando
HARE KRISHNA HARE KRISHNA
KRISHNA KRISHNA HARE HARE
HARE RAMA HARE RAMA
RAMA RAMA HARE HARE
é uma canção a Krishna. A letra é de
Howard Wheeler e a música de
Michael Grant.

Talvez a viagem não venha do zen, mas de Krishna, então vou visitar Michael Grant, o principal discípulo de A. C. Bhaktivedanta Swami em San Francisco. Michael Grant está em casa com seu cunhado e a mulher, uma moça bonita que está usando suéter de caxemira, macacão e tem uma marca vermelha de casta na testa.

"Desde julho, mais ou menos, estou ligado ao Swami", diz Michael. "Ele veio da Índia pra cá, antes esteve em um ashram ao norte do estado de Nova York e ficou lá o tempo todo sozinho, entoando mantras. Isso por uns dois meses. Logo depois o ajudei a conseguir um lugar em Nova York. E agora é um movimento internacional, que difundimos ensinando esse canto." Michael manuseia suas continhas de madeira vermelha e noto que sou a única pessoa na sala que está de sapatos. "A coisa está na moda, se espalhando que nem fogo."

"Se todo mundo cantasse", diz o cunhado, "não ia haver nenhum problema com a polícia e nem com ninguém."

"Ginsberg diz que o canto é um êxtase, mas o Swami diz que não é bem isso", Michael fala, cruzando a sala, e endireita uma foto de Krishna quando bebê. "É uma pena você não conhecer o Swami", acrescenta. "Ele está em Nova York agora."

"Êxtase não é mesmo a palavra certa", frisa o cunhado, que andou pensando nisso. "Nos leva a pensar num tipo de… êxtase *mundano*."

No dia seguinte passo na casa de Max e Sharon e eles estão na cama fumando um haxixe matinal. Sharon uma vez me deu um conselho: meio baseado, mesmo que de erva, era o suficiente para que acordar de manhã cedo se tornasse uma coisa linda. Pergunto a Max o que ele acha de Krishna.

"Um mantra pode dar um barato", ele diz. "Mas eu sou do bendito ácido."

Max passa o baseado para Sharon e se recosta. "Pena que você não conheceu o Swami", ele disse. "Ele é o maior estímulo."

Qualquer um que pense que tudo isso é sobre drogas, não está enxergando bem. É um movimento social, romântico por excelência, do tipo que ressurge em épocas de verdadeira crise social.

Os temas são sempre os mesmos. Um retorno à inocência. A invocação de uma autoridade e de um controle já vistos. Os mistérios do sangue. Uma ânsia pelo transcendental, pela purificação. É aí mesmo que você vê as formas como historicamente o romantismo acaba em confusão, se presta ao autoritarismo. É quando esses rumos se apresentam. Quanto tempo você acha que vai levar para isso acontecer? Essa é a pergunta que um psiquiatra de San Francisco me fez.

Na época em que eu estava em San Francisco, o potencial político do que era então chamado de "o movimento" começava a se tornar evidente. Sempre tinha sido evidente para o núcleo revolucionário dos Diggers, cujo talento para a guerrilha agora se voltava totalmente para o confronto ostensivo e para a criação de uma situação de emergência no verão, e também era evidente para muitos médicos, sacerdotes e sociólogos que tiveram a oportunidade de trabalhar no Distrito, e muito em breve poderia ficar evidente para qualquer pessoa de fora que se desse ao trabalho de decifrar os comunicados de Chester Anderson ou de observar quem chegava primeiro nas escaramuças de rua, que agora davam o tom do cotidiano local. Não era preciso ser analista político para perceber isso, os próprios garotos das bandas de rock percebiam, porque muitas vezes eles estavam lá quando as coisas aconteciam. "No parque tem sempre vinte ou trinta pessoas atrás do palco", queixou-se comigo um dos integrantes do Grateful Dead. "Prontas para arrastar a multidão para uma viagem militante."

Mas a beleza peculiar desse potencial político, no que dizia respeito aos ativistas, era que ele ainda não era nada evidente para a maioria dos moradores do Distrito, talvez porque os poucos adolescentes de dezessete anos politicamente realistas tendem a não adotar o ideal romântico como estilo de vida. Também não era evidente para a imprensa que, com níveis variados de competência, continuava a noticiar o "fenômeno hippie" como se derivasse de um trote estudantil de mau gosto, ou como se fosse uma vanguarda artística liderada por garotos que frequentavam a Associação Judaica de Jovens, por exemplo Allen Ginsberg, ou como um tipo de protesto reflexivo, não muito diferente de entrar para o Corpo da Paz, contra a civilização que criara o papel-filme de PVC e a Guerra do Vietnã. Essa última abordagem, do tipo "estão tentando nos dizer alguma coisa", teve seu ápice com a publicação de uma matéria de capa da *Time*, que revelava que hippies "menosprezam o dinheiro, que costumam chamar de 'pão'", e continua sendo a mais notável evidência, mesmo que involuntária, de que os canais de comunicação entre gerações estão irrevogavelmente obstruídos.

Como os sinais que a imprensa recebia não eram maculados por possibilidades políticas, as tensões no Distrito passavam despercebidas, mesmo na época em que havia tantos observadores da *Life*, da *Look* e da CBS na Haight Street que eles acabavam observando uns aos outros. Os observadores acreditavam basicamente no que as crianças lhes diziam: que eram de uma geração que havia rompido com o sistema político, indiferente aos jogos de poder, e que a Nova Esquerda era apenas mais uma cgo trip. *Ergo*, não havia de fato ativistas na Haight-Ashbury, e essas coisas que aconteciam todo domingo eram demonstrações espontâneas, afinal, como dizem os Diggers, a polícia é brutal, os jovens não têm direitos, quem fugiu de casa é privado de seu direito à autonomia e há gente morrendo de fome na Haight Street, uma maquete do Vietnã.

É claro que os ativistas — não aqueles cujo pensamento se tornara rígido, mas aqueles cuja abordagem revolucionária era anárquica e imaginativa — já tinham havia muito tempo captado a realidade que ainda escapava à imprensa: nós estávamos diante de algo importante. Víamos a tentativa desesperada de um punhado de crianças pateticamente despreparadas de criar uma comunidade num vazio social. Tendo visto essas crianças, já não podíamos negligenciar o vazio, já não podíamos fingir que a atomização da sociedade seria revertida. Aquela não era uma rebelião geracional nos moldes tradicionais. Em algum momento entre 1945 e 1967, omitimos dessas crianças as regras do jogo que calhou de estarmos jogando. Talvez nós mesmos tivéssemos deixado de acreditar nas regras, talvez nos tenha faltado coragem para seguir jogando. Talvez houvesse muito pouca gente eloquente ali. Essas crianças tinham crescido desprendidas da rede de primos, tias-avós, médicos da família e vizinhos de toda a vida, que tradicionalmente davam conselhos e reforçavam os valores da sociedade. Eram crianças que tinham circulado muito, por *San Jose, Chula Vista, por aqui*. Mais do que revoltados contra a sociedade, eles a ignoram. São capazes apenas de reagir a algumas das questões sociais mais divulgadas e duvidosas, como o *Vietnã*, o *papel-filme de PVC*, as *pílulas dietéticas*, a *Bomba*.

Eles reagem exatamente ao que lhes é dito. Como não acreditam nas palavras — Chester Anderson lhes diz que palavras são para "cabeças quadradas" e que um pensamento que precisa de palavras não passa de uma ego trip —, seu único vocabulário proficiente é o de platitudes sociais. Acontece que me dedico à ideia de que a capacidade de pensar por si próprio depende do domínio da linguagem, e não sou otimista em relação a crianças que, para indicar que a mãe e o pai não moram juntos, se contentam em dizer que são fruto de "um lar desfeito". Elas têm dezesseis, quinze, catorze anos, cada vez mais jovens, um exército de crianças esperando que lhes deem a palavra.

Peter Berg conhece muitas palavras.

"Peter Berg está por aqui?", pergunto.

"Talvez."

"Você é Peter Berg?"

"Sou."

O motivo por que Peter Berg não se interessa em trocar muitas palavras comigo é que duas das que ele conhece são "mídia venenosa". Peter Berg usa um brinco de ouro e é, talvez, a única pessoa no Distrito em quem um brinco de ouro fica obscuramente sinistro. Ele pertence ao San Francisco Mime Troupe,* e alguns integrantes desse grupo criaram a Frente pela Libertação dos Artistas, para "aqueles que procuram conjugar o ímpeto criativo com o envolvimento sociopolítico". Foi no Mime Troupe que os Diggers despontaram, durante as rebeliões de 1966 no bairro de Hunters Point. Na época parecia ser uma boa ideia distribuir comida e se apresentar com marionetes nas ruas, zombando da Guarda Nacional. Junto com Arthur Lisch, Peter Berg também faz parte da liderança de oposição dos Diggers, e foi ele quem mais ou menos inventou e primeiramente apresentou à imprensa a crença de que San Francisco seria invadida por 200 mil adolescentes indigentes no verão de 1967. A única conversa que acabei tendo com Peter Berg foi sobre o fato de ele me achar pessoalmente responsável pela forma como a revista *Life* legendou as fotos que Henri Cartier-Bresson fez em Cuba, mas mesmo assim gosto de vê-lo atuar no parque.

Janis Joplin está cantando com os Big Brother and the Holding Company no Panhandle, quase todo mundo está doidão e é um belo domingo entre as três e as seis da tarde. Os ativistas dizem que essas são as três horas da semana em que é mais provável que algo aconteça na Haight-Ashbury, e então Peter Berg aparece por lá. Ele está com a mulher e mais seis

---

* Grupo teatral que se apresenta nos parques de San Francisco, de graça, fazendo sátira política (e não mímica, embora o nome sugira isso).

ou sete pessoas, entre as quais o parceiro de Chester Anderson, o Contato, e a primeira coisa estranha é que estão com o rosto pintados de preto.

Comento com Max e Sharon que alguns membros do Mime Troupe parecem estar pintados de preto.

"É teatro de rua", ela me garante. "Deve ser superlegal."

Os atores se aproximam e noto neles outras peculiaridades. Para começar, estão dando tapinhas na cabeça das pessoas com cassetetes de plástico de brinquedo e, além disso, trazem uns cartazes nas costas que dizem: "QUANTAS VEZES JÁ ESTUPRARAM VOCÊ, SEU TRANSVIADO SEXUAL?", "QUEM ROUBOU A MÚSICA DO CHUCK BERRY?" e outras coisas assim. Para completar, estão distribuindo folhetos da companhia de comunicação que dizem:

> & neste verão milhares de garotinhas descoladas não brancas e não suburbanas vão querer saber por que você abriu mão de tudo que elas não podem ter & como você se safa & como pode você não ser bicha com esse cabelão & de uma forma ou de outra todas querem a haight street. SE VOCÊ AINDA NÃO SABE, EM AGOSTO A HAIGHT STREET SERÁ UM CEMITÉRIO.

Max lê o folheto e se levanta. "Tô sentindo *bad vibes*", ele diz, e ele e Sharon vão embora.

Preciso ficar por aqui porque estou procurando Otto, então ando até onde os caras do grupo de teatro formaram uma roda ao redor de um cara negro. Peter Berg está dizendo que, se alguém perguntar, aquilo é teatro de rua, e imagino que já abriram as cortinas porque, neste exato momento, estão dando uma surra de cassetetes no negro. Eles batem, mostram os dentes, rebolam na ponta dos pés e depois aguardam.

"Estou começando a me aborrecer aqui", diz o cara negro. "Vou me irritar."

A essa altura há vários outros caras negros em volta, lendo os cartazes e observando.

"Ah, é, tá começando a se aborrecer?", um dos atores diz. "Não acha que já era hora?"

"Ninguém *roubou* a música de Chuck Berry, cara", diz outro cara negro, que vinha analisando os cartazes. "A música de Chuck Berry pertence a *todo* mundo."

"É mesmo?", retruca uma garota com o rosto pintado de preto. "Todo mundo *quem*?"

"Ué", o negro responde, confuso. "Todo mundo. Na América."

"Na *América*", grita a garota do rosto pintado. "Venham ouvir como ele fala *América*!"

"Escuta", ele diz, desamparado. "Escuta aqui."

"O que foi que a *América* já fez por você?", diz em tom de deboche a garota com o rosto pintado de preto. "Esses garotos brancos aqui podem passar o verão inteiro sentados no parque escutando a música que roubaram porque os pais deles, mandachuvas, continuam mandando dinheiro. Mas quem já mandou dinheiro para você?"

"Olha", o cara negro subiu o tom de voz. "Você está provocando, isso não está certo..."

"E você vai nos dizer o que está certo, pretinho?", diz a garota.

O mais jovem integrante do grupo de rostos pintados de preto, um rapaz alto e sério de dezenove ou vinte anos, recua um pouco, quase para fora da cena. Ofereço-lhe uma maçã e pergunto o que está acontecendo.

"Bem", ele diz. "Sou novo nisso aqui, tô começando a estudar, mas a gente sabe que os capitalistas estão assumindo o controle do Distrito, é isso que o Peter... Bem, pergunte ao Peter."

Eu não perguntei ao Peter. Aquilo continuou por um tempo. Mas naquele domingo em particular, entre as três e as seis da tarde todo mundo estava muito doido e o tempo estava muito agradável e as gangues de Hunters Point, que em geral aparecem entre as três e as seis da tarde de domingo, em vez disso tinham vindo no sábado, então não houve desdobramentos. Enquanto esperava por Otto, perguntei a uma garotinha que eu conhecia de vista o que ela tinha achado daquilo. "É um lance legal que eles chamam de teatro de rua", ela respondeu. Eu disse que ficara me perguntando se não tinha conotações políticas. Ela tinha dezessete anos, refletiu por um tempo e por fim desencavou algumas palavras de algum lugar. "Vai ver que é coisa da Sociedade John Birch."

Quando por fim encontro Otto, ele diz: "Tenho uma coisa lá em casa que vai fundir a sua cuca", e quando chegamos lá, vejo uma criança no chão da sala, de casaco de marinheiro e lendo uma história em quadrinhos. Ela está concentrada e fica lambendo os lábios, a única coisa inusitada é que está usando um batom branco.

"Cinco anos de idade", diz Otto. "E tomou ácido."

A criança de cinco anos, que se chama Susan, me conta que está no Jardim de Infância do Barato. Ela mora com a mãe e algumas outras pessoas, acabou de ficar boa do sarampo, quer uma bicicleta de Natal e gosta demais de Coca-Cola, sorvete, do Marty da banda Jefferson Airplane, do Bob do Grateful Dead e de praia. Lembra-se de ter ido à praia uma vez muito tempo atrás e queria ter levado um baldinho. Faz um ano agora que sua mãe tem lhe dado ácido e peiote. Susan diz que o efeito é ficar doidona.

Tento perguntar se alguma outra criança no Jardim de Infância do Barato fica doidona, mas vacilo na palavra-chave.

"Ela quer saber se seus coleguinhas da escola também se drogam e *ficam doidões*", esclarece a amiga da mãe de Susan, que a levou à casa do Otto.

"Só a Sally e a Anne", diz Susan.
"E a Lia?", a amiga da mãe emenda.
"A Lia", diz Susan, "não estuda no Jardim do Barato."

Michael, o filho de três anos de Sue Ann, botou fogo na casa esta manhã quando ninguém mais tinha se levantado ainda, mas Don conseguiu apagar antes que houvesse maiores estragos. No entanto, Michael queimou o braço e foi provavelmente por isso que Sue Ann ficou tão nervosa quando, por acaso, o viu depois mastigando um cabo elétrico. "Você vai fritar que nem legume", ela berrou. As únicas pessoas por perto eram Don, uma das amigas macrobióticas de Sue Ann e mais alguém que estava de passagem a caminho de uma comunidade nas montanhas de Santa Lucia, no entanto ninguém notou a gritaria de Sue Ann com Michael, pois estavam todos na cozinha tentando recuperar um haxixe marroquino maravilhoso que tinha caído sob uma tábua de madeira danificada pelo incêndio.

1967

II.
Pessoais

Sobre ter um caderno

"'Aquela tal de Estelle'", diz a anotação, "'é em parte a razão por que George Sharp e eu estamos hoje separados.' *Kaftan de crepe da China sujo, bar do hotel, estação de trem em Wilmington, 9h45 de uma segunda-feira de agosto.*"

Como a nota está no meu caderno, é presumível que tenha algum significado para mim. Examino-a por um bom tempo. A princípio tenho apenas uma ideia bastante vaga do que eu estava fazendo numa segunda-feira de agosto pela manhã no bar do hotel em frente à Pennsylvania Station de Wilmington, em Delaware (perdendo o trem? esperando-o? era 1960? 1961? por que Wilmington?), no entanto me lembro de ter estado lá. A mulher de kaftan de crepe da China sujo desceu do quarto para tomar uma cerveja, o barman já ouvira outras vezes sobre a razão por que George Sharp e ela estavam hoje separados. "Pois é", ele disse, enquanto passava o esfregão no piso. "Você me contou." Há uma garota no outro extremo do bar. Ela fala de forma enfática, mas não com o rapaz ao seu lado, e sim com um gato deitado no triângulo de luz do sol que entrava pela porta aberta. Ela usa um vestido de seda xadrez da Peck & Peck cuja bainha está se desfazendo.

O que se passa é o seguinte: a garota estava na Costa Leste e agora vai voltar para a cidade e abandonar o rapaz ao seu lado, e tudo que ela enxerga adiante são as calçadas viscosas do verão e as chamadas de longa distância às três da manhã, que farão com que ela se deite, mas fique desperta, e depois tome remédios para dormir em todas as noites fumegantes que restavam em agosto (1960? 1961?). Como ela tinha que ir diretamente do trem para o seu almoço em Nova York, queria ter um alfinete de fralda para dobrar a bainha do vestido de seda xadrez, e também queria se esquecer da bainha e do almoço e ficar naquele bar com temperatura agradável e que cheira a desinfetante e malte, e ficar amiga daquela mulher de kaftan de crepe da China. Ela está numa ligeira crise de autopiedade e queria comparar as Estelles. Era isso que se passava.

Por que escrevi isso? Para me lembrar, é claro, mas de que exatamente eu queria me lembrar? Em que medida isso realmente aconteceu? Em alguma medida? Por que guardo um caderno? É fácil a gente se enganar sobre todos esses registros. O impulso de tomar nota das coisas é peculiarmente compulsivo, inexplicável para quem dele não compartilha, é útil apenas de maneira acidental, secundária, da maneira como qualquer compulsão tenta se justificar. Suponho que seja algo que vem do berço, ou talvez não. Embora eu tenha me sentido obrigada a tomar nota das coisas desde que tinha cinco anos, duvido que minha filha venha a fazer isso, pois ela é uma criança afortunada e tolerante, encantada com a vida tal como esta se apresenta para ela, que não tem medo de dormir, nem medo de acordar. Quem tem cadernos secretos é de uma espécie completamente diferente, são pessoas solitárias e resistentes, sempre querendo reordenar as coisas, descontentes ansiosas, crianças que aparentemente quando nasceram se afligiram com algum pressentimento de perda.

Meus primeiros escritos foram numa caderneta da Big Five, que minha mãe me deu sugerindo sensatamente que eu parasse de me queixar e aprendesse a me divertir anotando meus pensamentos. Ela me devolveu essa caderneta alguns anos atrás; abre com o relato de uma mulher que pensava estar a ponto de morrer de frio numa noite no Ártico, mas descobriu, quando o dia raiou, que havia tropeçado e caído no deserto do Saara, onde antes do almoço já teria morrido de calor. Não faço ideia de que tipo de pensamento teria uma menina de cinco anos que instigasse uma história tão irônica e exótica, mas as notas revelam certa predileção por extremos, algo que persistiu na minha vida adulta. Talvez se eu tivesse alguma inclinação analítica, teria achado essa história mais verdadeira do que qualquer outra que depois eu possa ter contado, a festa de aniversário de Donald Johnson ou o dia em que minha prima Brenda pôs areia para gatos no aquário.

O sentido de ter um caderno nunca foi, nem hoje é, dispor de um registro factual preciso do que tenho feito ou pensado. Isso responderia a um impulso completamente diferente, a um instinto de realidade que às vezes invejo, mas não possuo. Em nenhum momento consegui ter êxito com um diário, minha abordagem da vida cotidiana varia da negligência extrema à simples ausência. Nas poucas ocasiões em que obedeci à tentativa de relatar os acontecimentos do dia, fui vencida pelo tédio, de modo que os resultados foram, na melhor das hipóteses, misteriosos. O que quer dizer "fazer compras, datilografar ensaio, jantar com E, depressão"? Comprar o quê? Datilografar que ensaio? Quem é E? Esse "E" estava deprimido ou eu que estava? Quem se importa?

O fato é que abandonei completamente esse tipo de abordagem inútil e passei a contar o que alguns viriam a chamar de mentiras. "Isso simplesmente não é verdade", os membros da minha família costumam me dizer quando se deparam com minhas lembranças de um evento que compartilhamos. "A festa *não* era para você, a aranha *não* era uma viúva-negra, *não foi assim.*" É bem provável que estejam certos, pois além de sempre ter tido dificuldade de distinguir o que aconteceu do que poderia ter acontecido, até hoje não me convenci de que essa distinção, para os meus propósitos, tenha qualquer importância. O caranguejo que lembro de ter almoçado no dia em que meu pai voltou de Detroit em 1945 devia ser decorativo, incluído na receita do dia para que parecesse real. Eu tinha dez anos e agora não me lembraria do caranguejo. Os acontecimentos do dia não giraram em torno dele. E no entanto é exatamente esse caranguejo fictício que me faz visualizar aquela tarde de novo, um filme caseiro passando repetidas vezes, o pai carregando os presentes, as crianças chorando, um exercício de amor e culpa em família. Pelo menos para mim, foi isso. Do mesmo modo, talvez não tenha nevado em Vermont naquele mês de agosto, talvez não tenha havido uma ventania de flocos de neve, e talvez ninguém mais tenha sentido que o solo endurecia e o verão já tinha terminado, mesmo enquanto fingíamos estar aproveitando a estação. Mas foi como eu senti as coisas, ou pode ser que tenha nevado, deve ter nevado, certamente nevou.

Era assim que eu sentia: isso está mais perto da verdade sobre ter um caderno. Às vezes me iludo sobre o motivo por que mantenho um caderno, imagino que uma virtude econômica contra o desperdício derive da preservação de tudo que observo. Veja o suficiente e anote, digo a mim mesma, e então certa manhã, quando o mundo parecer esgotado de surpresas, num dia em que eu estiver fazendo de forma mecânica aquilo que supostamente devo fazer, que é escrever — nessa manhã falida vou simplesmente abrir meu caderno e lá estará um relato esquecido com juros acumulados, a fatura paga da passagem de volta para o mundo lá fora: diálogos ouvidos ao acaso em hotéis, elevadores e no balcão da chapelaria do Pavillon (um homem de meia-idade mostra o recibo de entrega do seu chapéu para outro e diz: "Este era o meu número quando eu jogava futebol"); minhas impressões de Bettina Aptheker, Benjamin Sonnenberg e Teddy ("Mr. Acapulco")

Stauffer; impressões perspicazes sobre bons vivants, ex-modelos fracassadas e herdeiras de embarcações na Grécia. Uma delas me ensinou uma grande lição (uma lição que eu poderia ter aprendido com Scott Fitzgerald, mas talvez devamos todos conhecer os ricaços pessoalmente) ao perguntar, quando cheguei para entrevistá-la em sua sala de estar repleta de orquídeas no segundo dia de uma nevasca que havia paralisado Nova York, se por acaso estava nevando lá fora.

Em outras palavras, imagino que o caderno é sobre outras pessoas. Mas é claro que não é. O que um estranho disse para outro no balcão da chapelaria do Pavillon não é da minha conta, na verdade desconfio que a frase "Este era o meu número quando eu jogava futebol" não mexeu com a minha imaginação de forma alguma, foi apenas a lembrança de algo que eu tinha lido, provavelmente o conto "The Eighty-Yard Run" [A corrida de oitenta jardas], de Irwin Shaw. Tampouco me diz respeito a mulher vestindo kaftan de crepe da China sujo num bar de Wilmington. Minha aposta, é claro, é na menina que mal mencionei, de vestido de seda xadrez. *Lembre-se do que era ser eu*: esse é sempre o ponto principal.

É um ponto difícil de admitir. Nossa criação vem de uma ética segundo a qual os outros, quaisquer outros, todos os outros são por definição mais interessantes do que nós mesmos, que fomos ensinados a ficar retraídos, a praticamente nos apagar. ("Você é a pessoa menos importante nesta sala, não se esqueça disso", era o que a governanta de Jessica Mitford soprava para si em todos os eventos sociais, e escrevi isso em meu caderno porque faz pouco tempo que tenho sido capaz de entrar numa sala sem que uma frase desse tipo ressoe em meu ouvido interior.) Só os muito jovens ou muito idosos estão autorizados a narrar seus sonhos no café da manhã, refletir sobre si, interromper os demais com lembranças de piqueniques na praia, vestidos florais favoritos da Liberty, e da truta arco-íris num riacho perto de Colorado Springs. Do restante de nós se espera, e está certo que assim seja, que demonstremos entusiasmo pelos vestidos favoritos de outras pessoas, pelas trutas de outras pessoas.

E é o que fazemos. Mas nossos cadernos nos revelam, por mais respeitosos que sejam os registros do que vemos ao nosso redor, que o denominador comum de tudo o que vemos é sempre, de forma transparente e desavergonhada, o implacável "eu". Não estamos falando aqui do tipo de caderno que está claramente destinado ao consumo público, uma pretensão estrutural de deixar encadernados uma série de pensamentos elegantes; estamos falando sobre algo privado, sobre pedaços de fios mentais muito curtos para usar, uma assemblage indiscriminada e errática que só faz sentido para quem a criou.

Às vezes até mesmo quem anotou tem dificuldade com o sentido. Por exemplo, não vejo nenhum sentido em reter para o resto da vida a informação de que, em 1964, 720 toneladas de fuligem se espalharam em cada metro quadrado da cidade de Nova York, embora isso esteja escrito em meu caderno com a etiqueta "FATO". Nem preciso lembrar que Ambrose Bierce gostava de escrever "£eland $tanford" em vez de Leland Stanford, nem que "em Cuba as mulheres inteligentes quase sempre se vestem de preto", uma dica de moda sem muito potencial para ser posta em prática. E a relevância das notas a seguir não parecem, na melhor das hipóteses, mínima?

> No museu que fica no porão do fórum do condado de Independence, na Califórnia, há um aviso preso num casaco estilo mandarim: "Este CASACO MANDARIM foi muito usado pela sra. Minnie S. Brooks quando ela dava aulas sobre sua COLEÇÃO DE BULES".

Ruiva saindo de um carro em frente ao hotel Beverly Wilshire com estola de chinchila e bolsas da Vuitton com etiquetas que dizem:

> SENHORA LOU FOX
> HOTEL SAHARA
> VEGAS

Bem, talvez a relevância não seja tão pequena assim. Na verdade, a sra. Minnie S. Brooks e seu casaco mandarim me levam de volta à infância e, ainda que eu nunca tenha conhecido a sra. Brooks nem visitado o condado de Inyo antes dos trinta anos, cresci num mundo semelhante, em casas entulhadas de relíquias indígenas, pedaços de minério de ouro e de âmbar cinza, e de souvenirs que minha tia Mercy Farnsworth trazia do Oriente. Esse mundo é bem distante do mundo da sra. Lou Fox, onde todos vivemos hoje em dia, e por acaso não vale a pena lembrar disso? Não é verdade que a sra. Minnie S. Brooks pode me ajudar a me lembrar de quem sou? Não é verdade que a sra. Lou Fox pode me ajudar a me lembrar de quem não sou?

Às vezes é mais difícil discernir qual é o ponto. O que exatamente eu tinha na cabeça quando anotei que, antes da crise financeira, o pai de um conhecido pagava 650 dólares mensais pela iluminação da casa onde morava no Hudson? Que uso eu pretendia fazer dessa frase de Jimmy Hoffa: "Posso ter meus defeitos, mas estar errado não é um deles"? E embora eu ache interessante saber onde as garotas que viajam com o Sindicato arrumam seus cabelos quando estão na Costa Oeste, farei uso apropriado dessa informação algum dia? Não teria sido melhor passá-la para John O'Hara? O que uma receita de chucrute está fazendo no meu caderno? Que tipo de colecionador guarda um caderno desses? *"Ele nasceu na noite em que o*

Titanic *afundou*." Uma frase que me agrada bastante, e até me lembro de quem a disse, mas não é uma frase bem melhor na vida real do que poderia ser na ficção?

Mas, é claro, é exatamente isso: não é que eu deva usar a frase, mas me lembrar da mulher que a disse e da tarde em que a ouvi. Estávamos no terraço da casa dela à beira-mar, terminando de beber o vinho que sobrara do almoço, tentando pegar um solzinho, o sol de inverno da Califórnia. A mulher do marido nascido na noite em que o *Titanic* afundou queria alugar a casa e voltar para Paris, onde estavam seus filhos. Lembro-me de ter desejado poder pagar pela casa, que custava mil dólares por mês. "Um dia você consegue", ela disse, com ar de preguiça. "Um dia, tudo vem." Sob o sol daquele terraço, era fácil acreditar que vem, mas em seguida tive uma leve ressaca vespertina e atropelei uma cobra-preta a caminho do supermercado e fui inundada de um medo inexplicável quando ouvi a funcionária do caixa explicando ao homem à minha frente a razão por que ela estava finalmente se divorciando do marido. "Ele não me deu escolha", era o que ela repetia enquanto apertava os botões da caixa registradora. "Ele tem um bebê de sete meses com ela, não tive escolha." Gostaria de acreditar que meu medo dizia respeito à condição humana, mas é claro que era sobre mim, porque eu queria um filho e ainda não tinha, porque queria ter a casa cujo aluguel custa mil dólares por mês e porque estava de ressaca.

Tudo volta. Talvez seja difícil enxergar o valor de lembrar-se de si nesse estado de ânimo, mas eu enxergo. Acho que é aconselhável continuarmos aceitando as pessoas que um dia fomos, quer as consideremos companhias atraentes, quer não. Caso contrário, elas vão aparecer sem avisar e vão nos pegar de surpresa, batendo sem parar na porta da mente às quatro da manhã de uma noite maldormida, e exigindo saber quem as abandonou, quem as traiu, quem vai fazer as pazes. Nos esquecemos muito cedo das coisas que pensávamos que nunca esqueceríamos. Esquecemos os amores e as traições, esquecemos o que sussurramos e o que gritamos, esquecemos quem já fomos. Já perdi o contato com duas pessoas que um dia fui; uma delas, de dezessete anos, não representa grande ameaça, embora fosse de meu interesse saber novamente como é ficar sentada no dique de um rio, bebendo vodca com suco de laranja e ouvindo Les Paul & Mary Ford ressoar "How High the Moon" no rádio do carro. (Você vê que eu ainda gravo as cenas, mas não mais me vejo como uma das pessoas presentes, nem poderia mais improvisar o diálogo.) A outra, de 23 anos, me incomoda mais. Sempre causou muitos problemas, e suspeito que ela vai reaparecer quando eu menos quiser vê-la, de saia longa demais, tão tímida que piorava as coisas, sempre se sentindo lesada, cheia de recriminações e pequenas mágoas e histórias que não quero ouvir de novo, ao mesmo tempo me entristecendo e me enfurecendo com sua vulnerabilidade e ignorância, uma aparição ainda mais insistente por ter sido banida há tanto tempo.

É uma boa ideia, então, manter o contato, e acho que manter o contato é também a principal função dos cadernos. E quando se trata de manter esses canais abertos para nós mesmos, estamos sempre sozinhos: o seu caderno nunca vai me ajudar, nem o meu vai ajudar você. *"Então, o que há de novo no mercado de uísque?"* O que isso poderia significar para você? Para mim, significa uma loira de roupa de banho Pucci sentada ao lado de dois homens gordos à beira da piscina do hotel Beverly Hills. Outro homem se aproxima, e todos, em silêncio, se entreolham por um tempo. "Então, o que há de novo no mercado de uísque?", um dos homens gordos finalmente diz, dando assim as boas-vindas, e a loira se levanta, arqueia um pé e mergulha na piscina, sem tirar o olho um minuto da cabana onde Baby Pignatari está falando ao telefone. Nada mais do que isso a contar, salvo que muitos anos depois vi essa loira saindo da Saks na Quinta Avenida, em Nova York, com a tez bronzeada e um volumoso casaco de pele de visom. Naquele dia de vento forte ela me pareceu velha e definitivamente cansada, e até mesmo a pele do casaco de visom não estava aparada segundo a moda daquele ano, nem do jeito que ela gostaria que estivesse, e esse é o ponto-chave da história. Depois disso, passei uma temporada sem querer me olhar no espelho, e sempre que folheava os jornais só selecionava obituários, vítimas de câncer, doenças coronarianas prematuras, suicídios; e também parei de pegar a linha de metrô da Lexington Avenue porque pela primeira vez notei que todos os desconhecidos que por anos eu via — o homem com seu cão-guia, a solteirona que diariamente lia os classificados, a menina gorda que sempre saltava comigo na Grand Central — pareciam mais velhos do que outrora.

Tudo volta. Até a receita de chucrute: até isso me faz reviver. Eu estava em Fire Island quando a preparei pela primeira vez, chovia, bebemos muito uísque Bourbon, comemos o chucrute e fomos para a cama às dez. Eu ouvia o barulho da chuva e me sentia segura. Ontem à noite fiz o chucrute outra vez e isso não me fez sentir nem um pouco mais segura, mas aí, como dizem, já é outra história.

1966

Sobre o amor-próprio

Certa vez, em plena estação seca, escrevi com letras enormes, cruzando duas páginas de um caderno, que a inocência termina quando arrancam da pessoa a ilusão de que ela gosta de si mesma. Embora agora, alguns anos mais tarde, eu me admire que uma mente em conflito consigo própria tenha, todavia, feito um registro minucioso de todos os seus tremores, recordo com uma clareza constrangedora o sabor particular daquelas cinzas. Era uma questão de amor-próprio extraviado.

Eu não tinha sido escolhida pela Phi Beta Kappa. Esse fracasso não poderia ter sido mais previsível ou menos ambíguo (eu simplesmente não cumpria os critérios requeridos), mas isso me deixou desconcertada; de alguma maneira eu me imaginava como uma espécie de Raskólnikov acadêmico, curiosamente isenta das relações de causa e efeito que atrapalhavam os outros. Embora até a garota mal-humorada de dezenove anos que eu era devesse ter reconhecido que a situação carecia de uma real magnitude trágica, o dia em que não entrei para a sociedade honorária Phi Beta Kappa marcou o fim de alguma coisa, e a palavra que define essa coisa pode muito bem ser "inocência". Perdi a convicção de que os semáforos sempre estariam verdes para mim, a agradável certeza de que aquelas virtudes um tanto passivas, de cujos méritos estava convencida quando criança, me garantiriam automaticamente não só a chave da Phi Beta Kappa, mas também a felicidade, a honra e o amor de um homem bom; perdi certa fé comovente no poder totêmico das boas maneiras, do cabelo arrumado e da competência comprovada pelo teste Stanford-Binet. O meu amor-próprio estava afixado a esses amuletos tão duvidosos, e naquele dia me peguei com a apreensão perturbadora de quem se deparou com um vampiro sem ter um crucifixo à mão.

Embora voltar a atenção para si seja um negócio no mínimo desconfortável, um pouco como tentar cruzar uma fronteira com documentos emprestados, agora me parece ser a única condição necessária para construir o verdadeiro amor-próprio. O autoengano continua sendo o engano mais difícil, a despeito da maioria das nossas platitudes. Os truques que funcionam com os outros não servem de nada no beco luminoso onde alguém marca encontros secretos consigo mesmo: nenhum sorriso sedutor e nenhuma bela lista de boas intenções vão funcionar aqui. A pessoa embaralha suas cartas marcadas de forma espalhafatosa, porém em vão: a gentileza pelo motivo errado, o triunfo visível que não envolveu esforço real, o ato aparentemente heroico do qual sentiu vergonha. O fato triste é que o amor-próprio não tem nada a ver com a aprovação dos outros que, afinal de contas, são enganados com bastante facilidade; não tem nada a ver com a reputação que, como disse Rhett Butler a Scarlett O'Hara, é algo de que pessoas corajosas podem abrir mão.

Abrir mão do amor-próprio, por outro lado, é como ser o espectador relutante e único de um interminável documentário que detalha seus próprios fracassos, os reais e os imaginários, com novas cenas emendadas a cada exibição. *Tem o copo que você quebrou de raiva, a dor na cara de X; e agora olha só essa cena, da noite em que Y voltou de Houston, veja a asneira que você fez.* Viver sem amor-próprio é passar uma noite acordada — em que o leite morno, o fenobarbital e a mão dormente sob a colcha estão fora do alcance —, somando os pecados por ação e omissão, as traições de confiança, as promessas sutilmente quebradas, os dons irrevogavelmente desperdiçados por preguiça, covardia ou descuido. Por mais que adiemos, no fim acabamos deitados sozinhos naquela cama notoriamente desconfortável, aquela que arrumamos para nós mesmos. Se dormimos nela ou não, depende, é claro, se nos respeitamos ou não.

Reclamar que pessoas bastante improváveis, pessoas *incapazes de se amar*, parecem dormir com facilidade é não entender nada da questão, assim como não entende nada quem acha que o amor-próprio necessariamente tem a ver com estar precavido, faça chuva ou faça sol. Há uma superstição segundo a qual o "amor-próprio" é uma espécie de encantamento de serpentes, algo que mantém quem dele dispõe trancado em um Éden imaculado, longe de camas estranhas, conversas ambivalentes e problemas em geral. Mas não é assim que funciona. O amor-próprio não tem a ver com o aspecto das coisas, ele diz respeito a uma paz distinta, uma reconciliação privada. Embora Julian English, o desleixado suicida de *Encontro em Samarra*, e Jordan Baker, a desleixada e desonesta incurável de *O grande Gatsby*, pareçam candidatos igualmente improváveis ao amor-próprio, Jordan Baker o tinha, mas Julian English, não. Tendo um talento para a acomodação, mais frequente em mulheres do que em homens, Jordan adotou suas próprias medidas, criou sua própria paz e evitou ameaças a essa paz. "Detesto pessoas desleixadas", ela disse a Nick Carraway. "Com a presença de duas delas pode haver um acidente."

Pessoas dotadas de amor-próprio, como Jordan Baker, têm a coragem de seus erros. Sabem o preço das coisas. Se decidem cometer adultério, não saem correndo em seguida num acesso de má consciência, para receber a absolvição das partes prejudicadas; nem se queixam indevidamente da injustiça, do imerecido constrangimento de serem consideradas corresponsáveis. Em suma, pessoas que têm amor-próprio demonstram certa dureza, uma espécie de audácia moral; apresentam o que antes era chamado de *caráter*, uma qualidade que, embora valorizada em sentido abstrato, às vezes perde terreno para outras virtudes negociáveis de forma mais imediata. A medida de que esse prestígio é escorregadio é a tendência de pensar em caráter como algo vinculado apenas a crianças comuns e a senadores dos Estados Unidos derrotados na campanha à reeleição, de preferência nas primárias. No entanto, o caráter — a disposição de aceitar a responsabilidade pela própria vida — é a fonte de onde brota o amor-próprio.

Amor-próprio é algo que nossos avós conheciam bem, quer o tivessem, quer não. Desde a juventude estava incutida neles certa disciplina, a consciência de que para viver cada um faz coisas que não exatamente quer fazer, deixa medos e dúvidas de lado, contrapõe confortos imediatos à possibilidade de confortos mais amplos, até intangíveis. A eles, no século XIX, era admirável, mas não notável, que Gordon Paxá vestisse um terno branco limpo e protegesse Khartoum contra Mahdi; não lhes parecia injusto que a maneira de libertar terras na Califórnia envolvesse morte, dificuldade e sujeira. Num diário escrito no inverno de 1846, uma emigrante de doze anos chamada Narcissa Cornwall observou com frieza: "O Pai estava ocupado lendo e não reparou que a casa estava ficando cheia de índios desconhecidos até que a Mãe tocou no assunto". Mesmo sem ter nenhuma pista do que a Mãe disse, é quase impossível não se impressionar com todo o incidente: o pai lendo, os índios entrando, a mãe escolhendo palavras que não fossem alarmantes, a criança registrando o evento devidamente e notando ainda que aqueles índios em particular não eram, "para nossa sorte", hostis. Os índios eram simplesmente parte do *donnée*.

De uma maneira ou de outra, os índios sempre o são. Mais uma vez, a questão é reconhecer que qualquer coisa que vale a pena tem seu preço. Pessoas que se respeitam estão dispostas a aceitar o risco de que os índios sejam hostis, de que o empreendimento vá à falência, de que a relação não venha a ser do tipo em *que todo dia é dia de festa porque você está casado comigo*. Elas estão dispostas a investir algo de si mesmas. Podem não jogar, mas quando jogam sabem o que está em jogo.

Esse tipo de amor-próprio é uma forma de disciplina, um hábito mental que não se pode fingir, mas que se pode desenvolver, treinar, incentivar. Uma vez me sugeriram, como antídoto para o choro, enfiar a cabeça em um saco de papel. Parece que há uma razão fisiológica para isso, tem a ver com o oxigênio. Mas o efeito psicológico por si só é incalculável. Com a cabeça metida numa sacola de mercado, fica extremamente difícil continuar se considerando especial como a Cathy em *O morro dos ventos uivantes*. Há casos parecidos relacionados a todas as pequenas disciplinas, desimportantes em si mesmas. Imagine manter qualquer tipo de arroubo, comiserativo ou carnal, sob uma ducha fria.

Mas essas pequenas disciplinas são valiosas apenas na medida em que representam outras maiores. Dizer que a batalha de Waterloo foi vencida nos campos esportivos de Eton não equivale a dizer que Napoleão poderia ter sido salvo por um curso intensivo de críquete; oferecer jantares de gala na floresta tropical não teria nenhum sentido se a chama tremeluzente das velas no cipó não evocasse disciplinas mais fortes e profundas, valores há tempos instilados. É uma espécie de ritual, que nos ajuda a lembrar quem e o que somos. E para se lembrar, é preciso antes ter sabido.

Ter tino do valor intrínseco que constitui o amor-próprio é, potencialmente, ter tudo: a capacidade de discernir, de amar e de ficar indiferente. Carecer desse tino é ficar trancado dentro de si, paradoxalmente inapto tanto para o amor quanto para a indiferença. Se não temos amor-próprio, por um lado somos forçados a desprezar aqueles que têm escassos recursos para se relacionar conosco, que percebem tão pouco que não enxergam nossas fraquezas mortais. Por outro lado, somos subjugados por todos aqueles que encontramos, e ficamos estranhamente determinados a vivificar — já que nossa autoimagem é insustentável — as falsas noções que eles têm de nós. Nos lisonjeia pensar nessa compulsão de agradar aos outros como sendo um traço atraente: a essência da empatia imaginativa, a prova da nossa boa vontade em dar. É *claro* que farei o papel de Francesca quando você for Paolo, e o de Helen Keller quando quem quer que seja interpretar Annie Sullivan: nenhuma expectativa é inapropriada, nenhum papel é tão absurdo. À mercê daqueles que não merecem o nosso respeito, desempenhamos papéis fadados ao fracasso antes de estreá-los, e cada derrota gera um novo desespero ante a urgência de adivinhar e atender à próxima demanda que nos for feita.

Trata-se do fenômeno às vezes chamado de "alienação de si". Nos estágios avançados, não atendemos mais o telefone, porque alguém pode querer alguma coisa; e a ideia de que poderíamos dizer *não* sem nos afogar em autorrepreensão é estranha a este jogo. Todo encontro exige muito, dá nos nervos, drena o desejo; e o espectro de algo tão pequeno quanto uma carta não respondida desperta uma culpa tão desproporcional que respondê-la se torna inviável. Dar às cartas não respondidas o peso adequado, nos libertar das expectativas dos outros, nos entregar de volta a nós mesmos — aí reside o poder imenso e singular do amor-próprio. Sem ele, pode-se acabar descobrindo a última volta do parafuso: você foge para encontrar a si mesmo, mas acaba chegando a uma casa vazia.

1961

Não consigo tirar esse monstro da cabeça

Bem no início da trama de um filme de monstros — não fosse isso já o teria esquecido, nem do nome me lembro —, sobre um homem mecânico que caminha debaixo d'água pelo rio East até a rua 42 e depois vem à superfície para destruir a Organização das Nações Unidas, a heroína está esquadrinhando o solo de seu país quando o monstro mecânico emerge de um lago e tenta levar sua filha. (Na verdade, estamos cientes de que o monstro só quer fazer amizade com a menininha, mas a jovem mãe, que aparentemente assistiu a menos filmes de monstros do que nós, não está. Isso gera páthos e tensão dramática.) Mais tarde naquela noite, enquanto a heroína está sentada na varanda refletindo sobre os acontecimentos do dia, o irmão dela aparece, bate no cachimbo e pergunta: "Por que você está tão ensimesmada, Deborah?". Deborah sorri com tristeza. "Não é nada, Jim, sério", diz ela. "Só não consigo tirar esse monstro da cabeça."

Só não consigo tirar esse monstro da cabeça. Essa é uma frase útil e que me ocorre com frequência quando reparo no tom que muitas pessoas usam para escrever ou falar sobre Hollywood. No imaginário popular, a indústria cinematográfica americana ainda representa uma espécie de monstro mecânico, programado para sufocar e destruir tudo o que é interessante, valioso e "criativo" para o espírito humano. A própria palavra "Hollywood", no papel de adjetivo, tem sido considerada pejorativa e sugestiva de algo chamado de "o Sistema", expressão proferida com a mesma ênfase sinistra que certa vez James Cagney usou para falar sobre "o Sindicato". O Sistema não só estrangula o talento, mas envenena a alma, um fato apoiado por fortes redes de crenças populares. Ao mencionar Hollywood, tratamos logo de lembrar de Scott Fitzgerald, morrendo em Malibu, acompanhado apenas por Sheilah Graham e escrevendo mecanicamente roteiros de filmes em fins de semana prolongados de bebedeira (ele também estava escrevendo *O último magnata*, mas isso não vem ao caso); somos condicionados a recordar as mentes mais brilhantes de uma geração deteriorando-se ao redor da piscina do hotel Garden of Allah enquanto aguardavam as ligações do edifício Thalberg, sede da MGM. (Na verdade, é preciso ter certa sensibilidade romântica para discernir por que o Garden of Allah deve ter sido um ambiente mais insidioso do que o Algonquin ou por que o edifício Thalberg e os estúdios da Metro-Goldwyn-Mayer devem ter sido moralmente mais debilitantes do que o edifício Graybar e a *Vanity Fair*. Edmund Wilson, que possui esse tipo de sensibilidade, uma vez sugeriu que tem algo a ver com o clima de cada cidade, Los Angeles e Nova York. Talvez tenha.)

Hollywood, a Destruidora. Era essencialmente uma visão romântica que, em pouco tempo, Hollywood ajudaria a perpetuar de forma ativa: pense em Jack Palance como uma estrela de cinema assassinada pelo Sistema em *A grande chantagem*; pense em Judy Garland e James Mason (e, antes deles, em Janet Gaynor e Fredric March), que tiveram a vida arruinada pelo Sistema ou pelo Estúdio — esses dois sintagmas eram mais ou menos intercambiáveis quando os grandes e antigos estúdios ainda dirigiam Hollywood — em *Nasce uma estrela*. Naquela altura, a corrupção, a venalidade e as restrições de Hollywood tornaram-se princípios tão firmes da confiança social americana — e da imagem que Hollywood tem de si mesma — que não foi uma grande surpresa quando, não faz muito tempo, ouvi um jovem roteirista declarar que Hollywood estava "acabando com ele". "Como escritor", ele acrescentou. "Como escritor", durante um período de dez anos em Nova York, ele já escrevera um romance satírico (em oposição à "comédia"), várias resenhas críticas de romances satíricos de outros autores e, por alguns anos, legendas para uma revista de celebridades.

Então. Não é de surpreender que o espectro de Hollywood, a Destruidora, ainda assombre a rasa intelligentsia mediana (o monstro espreita, pelo que entendi, num lugar bárbaro entre a Tália e o Museu de Arte Moderna), ou pelo menos seus membros que ainda não captaram o título de *chic* conferido a Hollywood pela revista *Cahiers du Cinéma*. (Os que captaram adotam uma postura tão extrema quanto, especulando continuamente o que Vincente Minelli tramava ao dirigir o filme *Agora seremos felizes*, ao frequentar cursos sobre Nicholas Ray e outras coisas desse tipo.) O que surpreende é que o monstro ainda assombra a própria Hollywood; e Hollywood é mais esperta, sabe que o monstro foi descansar, morreu por causas naturais, há alguns anos. O estúdio dos fundos da Fox agora é um complexo de edifícios comerciais chamado Century City; a Paramount em vez de fazer quarenta filmes por ano faz *Bonanza*. Onde antes era o The Studio agora funciona uma agência de lançamentos, e nem o Garden of Allah existe mais. Praticamente todos os filmes feitos são produções independentes — e não era isso que queríamos? Não era isso que dizíamos que poderia revolucionar o cinema americano? O milênio chegou, a era dos filmes em "menor quantidade e melhor qualidade", e o que temos? Temos menos filmes, mas não necessariamente melhores. Pergunte a Hollywood o porquê, e Hollywood vai murmurar sobre o monstro. Dizem que era impossível trabalhar "honestamente" em Hollywood. Certas coisas impediam. Os estúdios, ou o que deles resta, frustram todos os sonhos.

Os financiadores conspiram contra. Nova York usurpa as cópias aprovadas dos filmes, antes de o processo de edição ter acabado. Eles estão sujeitos aos clichês. Há algo errado com "o clima intelectual". Se ao menos tivessem liberdade, se pudessem exercitar uma voz própria...

Se ao menos. Esses protestos mantêm por perto o otimismo de um período envolvente, dependendo (como de fato dependem) da premissa rousseauniana de que a maioria das pessoas, quando livres para agir por conta própria, não pensa de maneira clichê, mas com originalidade e brilhantismo; e que as vozes individuais, uma vez ouvidas, acabam sendo, em sua maioria, belas e sábias. Acho que todos concordamos que um romance não é nada se não for a expressão de uma voz própria, de uma visão única da experiência. E quantos bons romances, ou mesmo interessantes, dos milhares publicados, aparecem a cada ano? Duvido que se possa esperar mais da indústria cinematográfica. Homens dotados de uma voz singular interessante já fazem, há algum tempo, filmes nos quais essas vozes são ouvidas. Penso em *Terra de um sonho distante*, de Elia Kazan, e, embora com bem menos entusiasmo pela voz, em *Dr. Fantástico*, de Stanley Kubrick.

Mas atualmente não só as vozes "interessantes" têm a oportunidade de ser ouvidas. John Frankenheimer, na revista *Life*, reconheceu: "Não se pode mais chamar Hollywood de 'Indústria'. Hoje temos a chance de contar nossas fantasias pessoais nos filmes". As fantasias pessoais de Frankenheimer incluíram *O anjo violento*, em que descobrimos que Warren Beatty e Eva Marie Saint estavam apaixonados quando o diretor fez a imagem deles esvanecer enquanto surgiam em cena cisnes brilhando num lago, e *Sete dias de maio*, que, em sua compreensão errônea da maneira como a poderosa elite americana pensa, fala e funciona (no filme, o senador da Califórnia, pelo que me lembro, dirigi um Rolls-Royce), parecia ser uma fantasia, no sentido mais clínico da palavra. Carl Foreman que, antes de ter a chance de pôr suas fantasias pessoais no cinema, trabalhou em alguns filmes muito bons (entre os do seu gênero), como *Matar ou morrer* e *Os canhões de Navarone*, mais tarde lançou o que disse ser uma "declaração pessoal": *Os vitoriosos*, um fenômeno que sugere apenas que duas cabeças talvez sejam melhores do que uma, se esta for a de Foreman.

Um problema é que os diretores americanos, com raras exceções, não estão muito interessados em estilo. Eles, no fundo, são didáticos. Pergunte o que planejam fazer com a liberdade absoluta de que desfrutam, com a oportunidade que têm de fazer uma declaração pessoal, e eles escolherão uma "questão", um "problema". As "questões" que escolhem geralmente já não são reais, se é que um dia foram, mas acho um erro atribuir isso a algum tipo de venalidade calculada, a alguma ideia consciente de não se arriscar. (Me lembro de um roteirista que só recentemente descobriu que anões existem, embora ele, como todos nós, deva ter vivido aquela época em que os anões apareciam nas páginas de ficção das revistas de papel brilhante com a mesma frequência com que Suzy Parker aparecia nas páginas publicitárias. Esse roteirista vê os anões como símbolos da anomia incapacitante do homem moderno. Há certo atraso cultural.) Em vez disso, chamaria — a esse suposto cálculo de quais "questões" são seguras hoje — de falta de imaginação, um desleixo mental de certa forma incentivado pelo confortável retorno do público, da maior parte dos críticos e de algumas pessoas que deveriam conhecer melhor as coisas. *Julgamento em Nuremberg*, de Stanley Kramer, filme de 1961, foi uma condenação intrépida não do autoritarismo generalizado, não propriamente dos julgamentos, não das várias questões morais e legais envolvidas, mas das atrocidades da guerra nazista, sobre as quais já parecia haver algum consenso. (Você talvez se lembre que *Julgamento em Nuremberg* recebeu o Oscar de melhor roteiro adaptado, que Abby Mann aceitou em nome de "todos os intelectuais".) Mais tarde, Kramer e Abby Mann trabalharam juntos no filme *A nau dos insensatos*, no qual introduziram "um pouco mais de compaixão e humor" e avançaram a ação de 1931 para 1933, o que contribuiu para o registro de mais um protesto desafiador contra o Partido Nacional Socialista. *Os vitoriosos*, de Foreman, estabeleceu para sempre a proposição de que a guerra derrota tanto os vencedores quanto os vencidos, uma ideia que não é exatamente radical. (Foreman é um diretor que, a princípio, dá a impressão de ter algum estilo, mas essa impressão é espúria e motivada sobretudo pela lembrança dos antigos efeitos criados por Eisenstein.) *Dr. Fantástico*, de Kubrick, que tinha certo estilo, na verdade não era um filme de originalidade implacável; raramente vimos tanta coisa feita a partir de tão pouco. John Simon, na revista *The New Leader*, declarou que "o que há de totalmente admirável" em *Dr. Fantástico* é que o filme conseguiu ser "muito irreverente ao tratar de tudo que o Sistema leva a sério: guerra atômica, governo, Exército, relações internacionais, heroísmo e sexo, entre outras coisas". Não sei o que John Simon acha que compõe o Sistema, mas olhando aleatoriamente para o que "não compõe", sexo é tema de piadas intermináveis; *Cupido não tem bandeira*, de Billy Wilder, era (assim disse a *Variety*) uma paródia sensacional das relações internacionais; o Exército, como tema de tiradas cômicas, chegou até a sitcom de Phil Silvers, no papel do sargento Bilko; e se o "governo" é algo que o establishment americano reverencia obstinadamente, então eu devo estar assistindo a uns programas underground no horário nobre da televisão. Entre outras coisas. *Dr. Fantástico* era basicamente uma única piada esticada sobre a diferença entre a guerra nuclear e todas as demais. Quando George Scott disse "acho que vou dar um pulo na sala de guerra" e Sterling Hayden disse "parece que a gente vai mesmo entrar numa guerra com tiro e tudo", e em seguida o Comando Aéreo Estratégico se dirigiu para seus alvos soviéticos ao som de "When Johnny Comes Marching Home Again",* Kubrick já tinha criado uma fuga completa sobre o tema e devia ter começado a contar os minutos até que a coisa perdesse a graça.

O que temos, então, são algumas mentes interessantes em ação, além de várias bem menos interessantes. A situação na Europa não é muito diferente. Entre os italianos, Antonioni faz filmes bonitos, inteligentes, construídos de forma sutil e intricada, e a força deles se deve inteiramente à estrutura narrativa. Visconti, por outro lado, tem o sentido da forma menos apurado do que qualquer diretor atual. Poderíamos ter assistido ao seu *O leopardo* como uma sequência de fotogramas, sem ordem discernível. Federico Fellini e Ingmar Bergman compartilham uma inteligência visual impressionante e uma visão insensível e banal da experiência humana. Alain Resnais, em *O ano passado em Marienbad* e *Muriel*, demonstrou ter um estilo tão invasivo que se suspeitava de que fosse uma cortina de fumaça, uma espécie de invasão no vácuo. Quanto à noção de que os filmes europeus tendem a ser mais originais do que os americanos, ninguém que tenha visto *Boccaccio '70* seria capaz, mais uma vez, de trocar automaticamente a palavra "fórmula" por "Hollywood".

Então. Talvez com um empurrãozinho do estrangeiro, agora estamos todos crescidos em Hollywood e prontos para partir para o mundo por conta própria. Não estamos mais nas garras de um monstro. Harry Cohn não dirige mais a Columbia como se fosse um campo de concentração, como se costumava

---

* Canção popular durante a Guerra de Secessão, que expressa a saudade dos parentes e amigos que estavam afastados, lutando.

dizer. Nas bilheterias, já não importa se um filme recebeu ou não um selo de aprovação.* Nada de toque de recolher, nada de *agora vale tudo*. Alguns de nós não gostam muito dessa permissividade; alguns gostariam de encontrar "razões" para que nossos filmes não sejam tão bons quanto sabemos, no fundo do coração, que poderiam ser. Há pouco tempo, conheci um produtor que se queixou comigo das dificuldades que enfrentava com o que eu identifiquei como sendo o Sistema, embora ele não o chamasse assim. Ele disse que desejava fazer a adaptação cinematográfica de um certo conto de Charles Jackson. "Um troço realmente espetacular", ele disse. "Mas não posso nem tocar nisso, infelizmente. É sobre masturbação."

1964

---

* O selo de aprovação, fornecido pela Motion Picture Production Code, indicava que o filme se adequava a uma série de normas morais. Esse código de censura de filmes vigorou nos Estados Unidos de 1930 a 1968.

Sobre a moralidade

Estou por acaso no Vale da Morte, num quarto do Enterprise Motel & Trailer Park, é julho e faz calor. Precisamente, 48°C. Não consigo pôr o ar-condicionado para funcionar, mas há um frigobar, então embrulho cubos de gelo numa toalha que ponho na altura da lombar. Com a ajuda dos cubos de gelo, estou tentando, a pedido da revista *The American Scholar*, pensar de uma forma abstrata sobre a "moralidade", uma palavra da qual desconfio cada dia mais, no entanto minha cabeça desvia, invariavelmente, para o específico.

Aqui, algumas especificidades. À meia-noite da noite passada, na estrada de Las Vegas para uma comunidade chamada Death Valley Junction, um carro bateu no acostamento e virou. O motorista, que era muito jovem e aparentemente estava bêbado, morreu na hora. Sua namorada estava viva, mas com sangramentos internos, em profundo choque. Conversei esta tarde com a enfermeira que tinha levado a garota até o médico mais próximo, a trezentos quilômetros do lado oposto do vale, passando por três cordilheiras com estradas perigosas. A enfermeira explicou que seu marido, minerador de esteatita, ficara na estrada com o corpo do garoto até que o médico-legista pudesse atravessar, na madrugada de hoje, as montanhas que cercam Bishop. "Não se pode simplesmente deixar um corpo na estrada", ela afirmou. "É imoral."

Foi uma situação em que não desconfiei da palavra, porque ela dissera algo bastante particular. Ela quis dizer que se um corpo é abandonado no deserto, mesmo que por alguns minutos, os coiotes se aproximam e devoram sua carne. Um cadáver ser ou não dilacerado por coiotes pode parecer apenas uma consideração sentimental, mas é claro que é mais do que isso: uma das promessas que fazemos uns aos outros é que tentaremos recuperar nossas vítimas, tentaremos não deixar nossos mortos para os coiotes. Se fomos ensinados a cumprir nossas promessas — se, em termos mais simples, fomos bem-criados —, ficamos ali com o corpo ou então temos pesadelos.

Estou falando, é claro, sobre o tipo de código social que às vezes é chamado, pejorativamente, de "moralidade das caravanas de carroças".* De fato, é exatamente isso. Para o bem ou para o mal, somos o que aprendemos quando crianças: minha própria infância foi iluminada por ladainhas que ilustravam a aflição que aguardava quem fracassasse em sua lealdade ao outro. Na Expedição Donner, morrendo de fome na neve de Sierra, todas as coisas efêmeras da civilização desapareceram, exceto aquele tabu vestigial, a determinação de que ninguém deveria comer membros de sua própria família. Os Jayhawkers, abolicionistas do Kansas, brigaram e se separaram não muito longe de onde estou hoje à noite. Alguns deles morreram nas montanhas Funeral, outros perto de Badwater, e a maioria morreu na cordilheira de Panamint. Uma mulher que sobreviveu foi quem nomeou o Vale. Alguns dizem que o que matou os Jayhawkers foi o calor do deserto, e o que matou os integrantes da Expedição Donner foi o frio das montanhas, ambas circunstâncias incontornáveis. Mas, em vez disso, nos ensinaram que eles tinham abdicado de suas responsabilidades, violado de alguma forma suas lealdades primordiais, caso contrário não teriam ficado

---

* Noção de moralidade instituída entre os americanos que, no século XIX, partiram em carroças com seus pertences rumo ao Oeste. Em função dos perigos e das adversidades do trajeto, criaram, em prol da sobrevivência, um código moral restrito àquele contexto que, por exemplo, admitia o canibalismo.

desamparados no inverno da montanha ou no verão do deserto, não teriam cedido à acrimônia, não teriam abandonado uns aos outros, não teriam *fracassado*. Em suma, ouvimos essas histórias como se fossem fábulas de advertência, e elas ainda sugerem o único tipo de "moralidade" que me parece ter algum significado que não seja o mais potencialmente mentiroso.

A essa altura você já deve estar impaciente comigo. Eu estou falando, você deve estar querendo dizer, sobre uma "moralidade" tão primitiva que mal merece esse nome, um código que tem como objetivo apenas a sobrevivência, não o alcance do bem ideal. É isso mesmo. Especialmente hoje à noite, neste país tão sinistro e terrível que viver nele é viver na antimatéria, é difícil acreditar que "o bem" seja uma variável conhecida. Me deixe contar como é a noite aqui. Histórias viajam à noite pelo deserto. Alguém entra na caminhonete, dirige uns trezentos quilômetros para tomar uma cerveja e traz notícias do que está acontecendo, lá de onde veio. Então, dirige mais uns 150 quilômetros pra tomar outra cerveja, e passa adiante histórias do último lugar onde parou e do anterior também. É uma rede que sobrevive graças a pessoas que por instinto sabem que, se não continuarem percorrendo o deserto à noite, perderão a sanidade. Vai aqui uma história que está circulando pelo deserto esta noite: do outro lado dos trilhos de trem de Nevada, os delegados a serviço do xerife estão mergulhando em algumas cavernas subterrâneas, tentando resgatar um par de corpos que se sabe que estão no buraco. A viúva de um dos moços que se afogou também foi até lá. Ela tem dezoito anos, está grávida e dizem que não sai de perto do buraco. Os mergulhadores sobem e descem, e ela fica lá só olhando para a água. Faz dez dias que mergulham mas não encontram o fundo das cavernas, nem os corpos nem vestígios deles, apenas a água negra com temperatura de 32 graus caindo e caindo e caindo, e um único peixe translúcido, de espécie não classificada. A história desta noite é que um dos mergulhadores voltou à superfície fora de si, incoerente — até que o tiraram dali para que a viúva não o ouvisse —, gritando que a água ia ficando mais quente em vez de mais fria enquanto ele descia, que havia luzes tremeluzentes na água, e também algo sobre magma e sobre testes nucleares subterrâneos.

É esse o tom das histórias daqui, e há algumas assim na noite de hoje. São mais do que apenas histórias. Do outro lado da rua, na Igreja Comunidade da Fé, mais de vinte idosos que vieram até aqui, para morar em trailers e morrer ao sol, entoam uma oração. Não consigo e nem quero ouvi-los. O que ouço são coiotes ocasionais e um coro constante de "Baby the Rain Must Fall", que vem do jukebox do Snake Room aqui ao lado, e se eu também pudesse ouvir essas vozes agonizantes, essas vozes do Meio-Oeste atraídas para este país lunar em busca de algum inimaginável ritual atávico, *rock of ages cleft for me*,* acho que perderia minha própria sanidade. De vez em quando acho que estou ouvindo uma cascavel, mas meu marido diz que é uma torneira, um farfalhar de papéis, o vento. Em seguida ele vai até a janela e direciona a luz da lanterna sobre a roupa estendida lá fora.

O que isso quer dizer? Não quer dizer nada razoável. Alguma histeria sinistra está no ar aqui hoje à noite, algum indício da perversão monstruosa a que qualquer ideia humana pode chegar. "Segui minha própria consciência." "Fiz o que achava que era certo." Quantos loucos disseram isso querendo de fato dizê-lo? Quantos assassinos? Klaus Fuchs disse isso, os homens que cometeram o Massacre de Mountain Meadows disseram isso, Alfred Rosenberg disse também. E como querem lembrar aqueles que afirmam isso hoje de forma mecânica, ou melhor, presunçosa, Jesus também disse isso. Talvez todos tenhamos dito,

---

* "Rocha ancestral abre fendas para mim" é o primeiro verso de um hino cristão popular do século XVIII.

e talvez estivéssemos errados. Exceto no nível mais primitivo — da nossa lealdade àqueles que amamos —, o que poderia ser mais arrogante do que reivindicar a primazia da própria consciência? ("Me diga uma coisa", um rabino indagou a Daniel Bell quando ele era criança e disse que não acreditava em Deus. "Você acha que Deus se importa com isso?") Ao menos uma parte do tempo, o mundo para mim se parece com uma pintura de Hieronymus Bosch e, se eu seguisse minha consciência, isso me levaria ao deserto com Marion Faye, lá onde ele ficava no *Parque dos cervos*,* olhando para o leste de Los Alamos e rezando, como quem reza pra chover, para que isso acontecesse: "[...] *deixe que venha e apague o que está podre, o fedor, o cheiro fétido, deixe que venha para todos e por todos os lados, apenas para que, vindo, o mundo fique claro na madrugada branca e morta*".

É claro que você dirá que não tenho o direito, mesmo que eu tivesse esse poder, de lhe infligir essa consciência insensata; nem eu quero que você inflija a mim a sua consciência, por mais sensata e por mais iluminada que seja. ("Precisamos estar cientes dos perigos que se encontram em nossos desejos mais generosos", Lionel Trilling escreveu. "Uma vez que fazemos de pessoas próximas objetos de nosso próprio interesse esclarecido, algum paradoxo de nossa natureza nos leva a continuar fazendo deles objetos de nossa piedade, depois de nossa sabedoria e, por fim, de nossa coerção.") Não parece ser revelador que a ética da consciência seja intrinsecamente insidiosa, mas é um ponto levantado de modo cada vez mais raro. Mesmo aqueles que o trazem à tona tendem a *passar*, com prontidão preocupante, para a posição bastante contraditória de que a ética da consciência é perigosa quando está "errada" e admirável quando está "certa".

---

* *The Deer Park* (1955) é um romance de Norman Mailer. Marion Faye é um dos personagens do livro, um jovem ator e cafetão, enojado da raça humana.

Você vê que quero insistir, de forma bastante obstinada, que não temos como saber — além dessa lealdade fundamental ao código social — o que é "certo" e o que é "errado", o que é "bem" e o que é "mal". Falo muito sobre isso porque o aspecto mais perturbador da "moralidade" me parece ser a frequência com que a palavra aparece agora; na imprensa, na televisão, nas conversas mais perfunctórias. Questões de influência política clara (ou de sobrevivência), questões de políticas públicas indiferentes, questões de quase tudo: a todas elas são atribuídas essas factícias obrigações morais. Há algo simplista acontecendo, alguma autoindulgência operando. É claro que todos nós gostaríamos de "acreditar" em algo, gostaríamos de aliviar nossas culpas privadas em causas públicas, de nos desfazer de nossos egos enfadonhos. Gostaríamos, talvez, de transformar a bandeira branca da derrota em casa na corajosa bandeira branca da batalha longe de casa. E tudo bem fazer isso, é claro, é assim que as coisas são feitas desde tempos imemoriais. Mas só acho que tudo bem desde que não nos enganemos sobre o que estamos fazendo e por quê. Tudo bem desde que lembremos que todos os comitês ad hoc, todos os piquetes, todos os bravos abaixo-assinados no *New York Times*, todas as ferramentas do agitprop atravessando o espectro, não conferem a ninguém nenhuma virtude ipso facto. Tudo bem desde que reconheçamos que o final pode ser conveniente ou não, pode ser uma boa ideia ou não, mas de qualquer modo não tem nada a ver com "moralidade". Porque quando começamos a nos iludir com o pensamento não de que queremos algo ou precisamos de algo, não de que seja uma necessidade pragmática ter tal coisa, mas de que tê-la é um *imperativo moral*, aí é que nos juntamos aos loucos da moda, aí é que o fraco gemido da histeria é ouvido na terra, e é aí que estamos em maus lençóis. Desconfio de que já estamos.

1965

Sobre ir para casa

Vim passar em casa o primeiro aniversário da minha filha. Quando digo "casa" não me refiro a Los Angeles, onde meu marido, eu e a bebê moramos, mas ao lugar onde minha família está, no Vale Central da Califórnia. Essa é uma distinção vital, embora problemática. Meu marido gosta da minha família, mas se sente desconfortável na casa deles porque, uma vez que estamos lá, eu incorporo o jeito deles, que é difícil, oblíquo, deliberadamente desarticulado, e não é o jeito do meu marido. Moramos em casas empoeiradas ("P-O-E-I-R-A", ele uma vez escreveu com o dedo em superfícies por toda a casa, mas ninguém notou), cheias de lembranças sem valor para ele (o que os pratos de sobremesa do Cantão poderiam significar para ele? Como ele poderia conhecer as balanças de pesagem de medicamentos? E, se conhecesse, por que deveria se importar?), e parece que conversamos exclusivamente sobre conhecidos que foram internados em hospitais psiquiátricos, sobre conhecidos que foram acusados de dirigir alcoolizados, e em especial sobre propriedades, terrenos, preço por hectare, avaliações, zoneamento urbano e acesso às rodovias. Meu irmão não entende a incapacidade do meu marido de perceber a vantagem das transações imobiliárias, bastante comuns, conhecidas como "leasing de retorno". Meu marido, por sua vez, não entende por que tantas pessoas de quem se fala na casa do meu pai estiveram recentemente internadas em hospitais psiquiátricos ou foram acusadas de dirigir alcoolizadas. Ele também não entende que, quando falamos sobre leasing de retorno e sobre condenar o uso de áreas de propriedade privada para serviços de transporte do Estado, estamos falando em código sobre aquilo de que mais gostamos: os campos amarelos e os álamos, os rios que sobem e descem e as estradas nas montanhas que fecham quando neva muito. Nos perdemos nas conversas, nos servimos de mais uma bebida e contemplamos o fogo na lareira. Meu irmão se refere ao meu marido, na presença dele, como "o marido de Joan". Casamento é a traição clássica.

Ou talvez já não seja. Às vezes acho que quem hoje está na casa dos trinta anos nasceu na última geração que carrega o fardo do "lar" e descobre na vida em família a fonte de toda tensão e todo drama. Eu tinha, sob todos os aspectos objetivos, uma situação familiar "normal" e "feliz" e, no entanto, só com quase trinta anos de idade fui capaz de falar com minha família ao telefone sem chorar depois de desligar. Nós não brigávamos. Não havia nada de errado. E, no entanto, uma ansiedade inominável alterava a carga emocional que havia entre mim e meu lugar de origem. Saber se seria possível ou não voltar para casa era uma parte bem real da bagagem sentimental e amplamente literária que carregamos ao sair de casa nos anos 1950. Suspeito que isso seja irrelevante para as crianças nascidas da fragmentação pós-Segunda Guerra Mundial. Algumas semanas atrás, em um bar de San Francisco, vi uma garota bonita, que havia tomado metanfetamina, tirar a roupa e dançar em um concurso de "topless para amadoras" com o objetivo de conseguir um prêmio em dinheiro. Não havia um sentido de oportunidade particular, nenhum dos efeitos da degradação romântica, da "jornada sombria", pela qual minha geração lutou arduamente. Que sentido essa garota poderia dar, digamos, à *Longa jornada noite adentro*?* Quem não vem ao caso?

---

* *Long Day's Journey into Night* (1956) é uma peça teatral de Eugene O'Neill que lhe rendeu o prêmio Pulitzer postumamente. O autor só permitiu que esse drama familiar fosse publicado e encenado após sua morte.

O fato de que estou presa nessa irrelevância particular nunca fica tão evidente para mim quanto quando estou em casa. Paralisada pela lassidão neurótica gerada pelo encontro do passado em cada canto, em cada esquina, dentro de cada armário, ando sem rumo de quarto em quarto. Decido ir a fundo e limpar uma gaveta, espalho na cama o conteúdo dela. Uma roupa de banho que usei no verão dos meus dezessete anos. Uma carta de recusa do *The Nation*, uma fotografia aérea do terreno onde seria um shopping center que meu pai não construiu em 1954. Três xícaras de chá com rosas de cem pétalas pintadas à mão e assinadas com as iniciais da minha avó, "E.M.". Não há resolução final sobre o que fazer com as cartas de recusa do *The Nation* nem com as xícaras de chá pintadas à mão em 1900. Também não há decisão sobre as fotos do avô jovem esquiando, examinando o Passo Donner no ano de 1910. Aliso a foto e olho bem para o rosto dele, vejo e não vejo o meu próprio rosto. Fecho a gaveta e tomo outra xícara de café com minha mãe. Nos damos muito bem, veteranas de uma guerrilha que nunca entendemos.

Os dias passam. Não encontro ninguém. Chego a temer os telefonemas de fim de tarde do meu marido, não só porque ele está cheio de notícias do que a essa altura me parece ser nossa remota vida em Los Angeles — pessoas que ele encontrou, cartas que requerem atenção —, mas porque ele pergunta o que tenho feito e, meio preocupado, sugere que eu saia, vá de carro a San Francisco ou a Berkeley. Em vez disso, cruzo o rio até um cemitério familiar. Ele foi vandalizado desde a minha última visita e os monumentos estão quebrados, derrubados na grama seca. Como uma vez já vi uma cascavel na grama, fico dentro do carro, ouvindo uma rádio de música country. Mais tarde, vou com meu pai para um rancho que ele tem no pé da montanha. O homem que toca o seu gado nos pede para comparecer ao ajuntamento do rebanho, no domingo da outra semana, e embora eu saiba que estarei em Los Angeles, ao modo oblíquo da minha família respondo que irei. Ao chegar em casa, menciono os monumentos quebrados no cemitério. Minha mãe dá de ombros.

Vou visitar minhas tias-avós. Algumas pensam que sou a minha prima, ou então a filha delas que morreu jovem. Recordamos uma anedota sobre um parente visto pela última vez em 1948, e elas perguntam se eu ainda gosto de morar em Nova York. Moro em Los Angeles há três anos, mas digo que gosto, sim. Oferecem à bebê uma bala de hortelã, e me dão uma nota de um dólar "para comprar uma lembrança". As perguntas diminuem, as respostas são abandonadas, a bebê brinca com ciscos de poeira sob um feixe do sol da tarde.

Chegou a hora da festa de aniversário da bebê: um bolo branco, sorvete de marshmallow sabor morango, uma garrafa de champanhe guardada de outra festa. À noite, depois que ela já foi dormir, me ajoelho ao lado do berço e encosto seu rosto, pressionado entre as ripas do berço, contra o meu. Ela é uma criança aberta e confiante, despreparada e desacostumada às emboscadas da vida familiar, e talvez seja bom que eu lhe ofereça um pouco dessa vida aqui. Gostaria de dar mais a ela. Gostaria de prometer que ela crescerá com a referência dos seus primos, dos rios e das xícaras de chá da bisavó, gostaria de prometer a ela um piquenique à beira do rio com frango frito e cabelos despenteados, gostaria de dar a ela um *lar* de presente de seu aniversário, mas vivemos de uma forma diferente agora e o que posso prometer não é nada disso. Dou a ela um xilofone e um vestido de verão da Madeira, e prometo lhe contar uma história divertida.

1967

III.
Sete lugares da mente

Notas de uma nativa

É muito fácil sentar-se à mesa de um bar, digamos, o La Scala em Beverly Hills, ou o Ernie's em San Francisco, e compartilhar a ilusão generalizada de que a Califórnia fica a apenas cinco horas de Nova York, de avião. A verdade é que o La Scala e o Ernie's ficam a apenas cinco horas de Nova York, de avião. A Califórnia fica em outro lugar.

Muita gente do Leste (ou "lá no Leste", como dizem na Califórnia, embora não no La Scala ou no Ernie's) não acredita nisso. Gente que foi a Los Angeles ou a San Francisco, deu a volta em torno de uma sequoia-gigante e viu o Pacífico refulgir sob o sol da tarde no Big Sur, naturalmente tende a acreditar que de fato esteve na Califórnia. Mas não estiveram lá, e provavelmente nunca estarão, pois essa é uma viagem mais longa e em muitos sentidos mais difícil do que a que gostariam de empreender, uma daquelas viagens em que o destino oscila quimericamente no horizonte, cada vez mais distante, cada vez menor. Por acaso, conheço essa viagem porque venho da Califórnia, venho de uma família ou de um conglomerado de famílias que sempre esteve no Vale de Sacramento.

Você pode protestar que nenhuma família esteve no Vale de Sacramento por algum período que se aproxime de "sempre". Mas é característico dos californianos falar do passado como algo grandioso, como se ele tivesse simultaneamente começado, *tabula rasa*, e chegado ao final feliz no mesmo dia em que as carroças partiram para o Oeste. "*Eureka* — Encontrei", como diz o lema do estado. Tal visão da história traz certa melancolia àqueles que dela compartilham; minha própria infância foi coberta da convicção de que os melhores momentos vividos já haviam passado fazia tempos. Na verdade, é isso que quero contar: como é vir de um lugar como Sacramento. Se eu fosse capaz de explicar isso, você entenderia a Califórnia e talvez algo mais, pois Sacramento *é* a Califórnia, e a Califórnia é um lugar onde a mentalidade do boom e um sentimento de perda tchekhoviano se reúnem, formando uma preocupante suspensão; uma suspensão em que a mente é perturbada por uma suspeita enterrada, porém indelével, de que as coisas deveriam funcionar melhor aqui, porque aqui, sob o céu imenso e descolorido, é onde termina nosso continente.

Em 1847, Sacramento não passava de uma área repleta de adobe, o Moinho Sutter, isolado na pradaria. Separado de San Francisco e do mar pela Cordilheira do Oeste, e do resto do continente pela Sierra Nevada, o Vale do Sacramento era então um verdadeiro mar de grama, uma grama tão alta que um homem cavalgando podia prendê-la em sua sela. Um ano depois, o ouro foi descoberto no sopé de Sierra, e de forma abrupta Sacramento virou uma cidade, uma cidade que qualquer espectador de filmes poderia mapear em seus sonhos noturnos: uma colagem empoeirada de contrastarias, fabricantes de carroças e saloons. Chamemos isso de Fase Dois. Então chegaram os colonos: os fazendeiros, as pessoas que havia duzentos anos vinham expandindo a fronteira em direção ao oeste, a peculiar linhagem imperfeita que esvaziou Virgínia, Kentucky, Missouri; elas fizeram de Sacramento uma cidade agrícola. Como a terra era fértil, Sacramento tornou-se uma cidade agrícola fértil, o que quer dizer que havia casas na cidade, concessionárias Cadillac, um clube de golfe. Submersa naquele sono suave, Sacramento ficou sonhando até mais ou menos 1950, quando algo aconteceu. E o que aconteceu foi que Sacramento acordou para o fato de que o mundo exterior estava se movendo, muito e rápido. Ao acordar, Sacramento perdeu sua personalidade, para o bem ou para o mal, e isso é parte do que quero contar para você.

Mas não é da mudança que me lembro primeiro. Primeiro, me lembro de levar o cachorro do meu irmão, um boxer, pelos mesmos campos lisos que nosso trisavô encontrou virgens e onde plantou; me lembro de nadar (embora nervosamente, porque eu era uma criança nervosa, com medo de buracos e de cobras, e talvez esse tenha sido o começo do meu erro) nos mesmos rios que nadamos por um século: o Sacramento, tão rico em sedimentos que mal podíamos ver nossas mãos alguns centímetros abaixo da superfície; o American, que corria límpido e veloz com a neve derretida de Sierra, até julho, quando desacelerava, e então as cascavéis tomavam sol nas rochas agora aparentes. O Sacramento, o American, o Cosumnes às vezes, o Feather esporadicamente. Crianças descuidadas morriam todos os dias nesses rios; líamos isso no jornal, como tinham calculado mal uma correnteza ou entrado em um buraco onde o American encontra o Sacramento; como a Berry Brothers tinha levado seus caminhões-guincho do condado de Yolo até o rio, mas os corpos permaneciam desaparecidos. "Eles eram de fora", minha avó concluía das histórias do jornal. "Os pais deles não tinham *nada* que tê-los deixado no rio. Eram visitantes de Omaha." Não era uma lição ruim, embora não fosse nada confiável, pois crianças que conhecíamos também morreram nos rios.
No fim do verão — quando a Feira Estadual fechava e o calor dava um descanso, quando as últimas trepadeiras de lúpulo verde haviam sido derrubadas ao longo de toda a H Street e a névoa de tule começava a ascender do solo à noite —, voltávamos a memorizar os Produtos de Nossos Vizinhos

Latino-Americanos e a visitar as tias-avós no domingo, dezenas de tias-avós, todo domingo, ano após ano. Quando hoje me lembro daqueles invernos, penso nas folhas amarelas de olmo amontoadas nas calhas diante da Pró-Catedral da Santíssima Trindade Episcopal, na M Street. Na verdade, hoje em dia tem gente em Sacramento que chama a M Street de Capitol Avenue, e a Santíssima Trindade anexou um daqueles edifícios novos e sem graça, mas talvez as crianças ainda aprendam as mesmas coisas nas manhãs de domingo:

P. De que maneira a Terra Santa se parece com o Vale do Sacramento?
R. Nos tipos e na diversidade de seus produtos agrícolas.

E penso nos rios subindo, no rádio que eu ouvia para saber que altura atingiriam, imaginando se os diques iam romper, como, quando e onde. Não tínhamos tantas barragens naqueles anos. As vias secundárias costumavam ficar cheias e homens passavam noites enchendo sacos de areia. Às vezes, um dique rompia à noite, em algum lugar rio acima, e de manhã corria o boato de que os engenheiros do Exército o haviam dinamitado para aliviar a pressão sobre a cidade.

Depois das chuvas, era chegada a primavera, que durava uns dez dias; os campos encharcados se dissolviam em um verde efêmero brilhante (que se tornaria amarelo e seco como fogo dentro de duas ou três semanas) e as imobiliárias se recuperavam. Era a época do ano em que as avós iam a Carmel; e a época em que as garotas que não tinham conseguido passar nem para as faculdades de Stephens, Arizona ou Oregon, que dirá Stanford ou Berkeley, eram enviadas para Honolulu, a bordo do *Lurline*. Não tenho lembrança de nenhuma delas indo para Nova York, exceto uma prima que esteve lá (não imagino por quê) e relatou que os vendedores de sapatos da Lord

& Taylor eram "intoleravelmente rudes". O que acontecia em Nova York, Washington e no exterior parecia não ter nenhum impacto na mentalidade de Sacramento. Me lembro de ter sido levada para visitar uma mulher muito idosa, a viúva de um fazendeiro, que recordava velhas histórias (o tipo de conversa preferido em Sacramento) sobre o filho de contemporâneos dela. "Esse garoto Johnston nunca foi grande coisa", ela disse. Como quem não quer nada, minha mãe protestou: Alva Johnston, ela disse, ganhara o Prêmio Pulitzer quando trabalhava para o *New York Times*. Nossa anfitriã olhou para nós, impassível. "Ele nunca foi grande coisa em Sacramento", esclareceu.

A voz daquela mulher era a verdadeira voz de Sacramento, e, embora eu à época não tivesse percebido, uma voz que não tinha muito tempo para ser ouvida, pois a guerra havia terminado, o boom das vendas havia começado e as vozes dos engenheiros aeroespaciais seriam ouvidas na terra. EMPRÉSTIMOS HIPOTECÁRIOS PARA VETERANOS! MORADIAS A JUROS BAIXOS GARANTIDAS PELA FHA!*

Depois, quando já estava morando em Nova York, voltava para Sacramento quatro ou cinco vezes por ano (quanto mais confortável era o voo, mais estranhamente miserável me sentia, pois pessoas como eu ficam muito tristes ao saber que talvez não nos fosse possível fazer essa viagem de carroça), tentando provar que eu não tinha a intenção de ir embora definitivamente, pois em pelo menos um aspecto a Califórnia — a Califórnia da qual estamos falando — se parece com o Éden: presume-se que aqueles que se ausentaram de suas bênçãos tenham sido banidos ou exilados por alguma perversidade

---

* Abreviação de Federal Housing Administration, programa do governo dos Estados Unidos criado em 1934, junto com o New Deal, que garantia empréstimos de bancos para a compra ou a construção de imóveis residenciais.

de coração. Afinal, integrantes da Expedição Donner-Reed não comeram seus próprios mortos para conseguir chegar a Sacramento?

Já disse que a viagem de volta é difícil e de fato é — difícil de um jeito que aumenta as ambiguidades ordinárias das viagens sentimentais. Voltar para a Califórnia não é como voltar para Vermont ou para Chicago; Vermont e Chicago são constantes relativas, em relação às quais podemos medir nossas próprias mudanças. Na Califórnia da minha infância, tudo o que há de constante é o ritmo do seu desaparecimento. Um exemplo: no dia de São Patrício de 1948, fui levada para ver o Legislativo "em ação", uma experiência sombria. Um punhado de membros da assembleia, corados e usando chapéus verdes, liam as piadas de *Pat and Mike* [A mulher absoluta], que eram registradas nas atas. Ainda penso nos legisladores dessa maneira — usando chapéus verdes ou sentados à varanda do Hotel Senator se abanando e se divertindo com os emissários de Artie Samish. (Samish foi o lobista que disse: "Earl Warren pode ser o governador do estado, mas o governador do Legislativo sou eu".) Na verdade, o Hotel Senator não tem mais a varanda, que virou guichê de companhia aérea (caso queira incrementar a história) e, de qualquer forma, os membros do Legislativo trocaram o Senator pelos hotéis espalhafatosos ao norte da cidade onde, nas noites frias do Vale, brilham as chamas das tochas de bambu Tiki e sobe o vapor das piscinas aquecidas.

É difícil *encontrar* a Califórnia agora, é perturbador imaginar o quanto ela era apenas imaginada ou improvisada, e é melancólico perceber em que medida a memória de alguém não é verdadeira, mas composta de vestígios da memória de outras pessoas, histórias transmitidas na rede familiar. Tenho uma "memória" vívida e indelével, por exemplo, de como a Proibição [1932] afetou os produtores de lúpulo em Sacramento: a irmã de um produtor conhecido da minha família chegou em casa com um casaco de visom trazido de San Francisco, disseram para ela devolvê-lo, ela sentou no chão da sala e ficou chorando com o casaco no colo. Embora eu só tenha nascido um ano após a Revogação da lei, em 1933, essa cena é mais "real" para mim do que muitas que presenciei.

Me lembro de uma viagem para casa, quando peguei sozinha um voo noturno em Nova York e li várias vezes alguns versos de um poema de W. S. Merwin que encontrei numa revista, um poema sobre um homem que havia passado muito tempo em outro país e sabia que devia ir para casa:

[...] *But it should be*
Soon. Already I defend hotly
Certain of our indefensible faults,
Resent being reminded; already in my mind
Our language becomes freighted with a richness
No common tongue could offer, while the mountains
Are like nowhere on earth, and the wide rivers.*

Você entende o ponto. Quero falar a verdade, e comecei a falar sobre os rios amplos.

A essa altura já deve estar claro que a verdade sobre o lugar é esquiva e deve ser rastreada com cautela. Se você for a Sacramento amanhã, pode ser que alguém (embora ninguém que eu conheça) o leve à fábrica da Aerojet-General que, como se diz em Sacramento, "tem alguma coisa a ver com foguetes".

---

* "[...] Mas deve ser/ Logo. Defendo com fervor/ Alguns de nossos erros indefensáveis,/ Ressinto ser lembrado; já estava na minha mente/ Nossa linguagem fretada com uma riqueza que/ Nenhuma língua comum poderia oferecer, enquanto as montanhas/ São como nenhum outro lugar na terra, e os rios amplos."

Quinze mil pessoas trabalham para a Aerojet, quase todas estrangeiras. A mulher de um advogado de Sacramento me disse, como prova de que Sacramento estava se abrindo, que ela achava que tinha encontrado uma dessas pessoas em um open house em dezembro do ano retrasado. ("De verdade, não poderia ter sido mais legal", ela acrescentou, entusiasmada. "Acho que ele e a mulher compraram a casa *ao lado* da casa da Mary e do Al, ou algo desse tipo, e é claro que foi assim que *eles* o conheceram.") Então, é possível que você vá à Aerojet e fique no grande hall de fornecedores, onde alguns milhares deles tentam toda semana vender suas peças variadas, e é possível que você olhe para o painel eletrônico que lista os nomes do pessoal da Aerojet, seus projetos e localização a qualquer momento, e talvez se pergunte se eu estive em Sacramento ultimamente. MINUTEMAN, POLARIS, TITAN,* as luzes piscando e todas as mesinhas estão cheias de papéis com os horários das companhias aéreas, tudo bem moderno e sintonizado.

Mas eu poderia levar você a alguns quilômetros dali, para cidades onde os bancos ainda têm nomes como The Bank of Alex Brown, cidades cujo único hotel ainda tem um piso de azulejo octogonal na sala de jantar, palmeiras empoeiradas em vasos e grandes ventiladores de teto. Essas são cidades onde tudo — o comércio de sementes, a franquia da Harvester,** o hotel, a loja de departamentos e a rua principal — carrega um único nome, o nome do homem que construiu a cidade. Alguns domingos atrás, eu estava numa cidade como essa, uma cidade menor que essa, é sério, sem hotel, sem franquia da Harvester, o banco tinha falido, uma cidade fluvial. Era uma festa de bodas de ouro de parentes, fazia 43ºC e os convidados

---

* Minuteman, Polaris e Titan são nomes de mísseis balísticos.   ** Fabricante de tratores e maquinário agrícola, entre outros.

de honra sentavam-se em cadeiras de encosto reto diante de um ramo de gladíolos, no Rebekah Hall. Mencionei a visita à Aerojet-General a um primo que estava lá, que me ouviu com uma descrença interessada. Qual é a verdadeira Califórnia? É isso que todos nós nos perguntamos.

Vamos tentar fazer algumas afirmações irrefutáveis, sobre assuntos que não estão sujeitos a interpretação. Embora Sacramento seja, de muitas maneiras, a menos típica das cidades do Vale, ela *é* uma cidade de Vale e deve ser vista nesse contexto. Quando você diz "o Vale" em Los Angeles, a maior parte das pessoas pressupõe que está se referindo ao Vale de San Fernando (na verdade, algumas pessoas acham que você está falando da Warner Brothers), mas não se engane: não estamos falando do Vale dos estúdios e dos pequenos ranchos, mas do Vale real, o Vale Central, os 80 mil quilômetros quadrados drenados pelos rios Sacramento e San Joaquin e ainda irrigados por uma complexa rede de despojos, cortes, valas e pelos canais Delta-Mendota e Friant-Kern.

A 160 quilômetros ao norte de Los Angeles, quando você desce as Montanhas Tehachapi e chega nos arredores de Bakersfield, você sai do sul da Califórnia e entra no Vale. "Você olha para a estrada e ela é reta por quilômetros, e vem até você, a linha preta no centro vem até você, até você... e o calor que bate nas pedras brancas ofusca, de modo que apenas a linha preta fica nítida, alcançando você com o ruído dos pneus, e se você não parar de olhar para essa linha e não respirar fundo algumas vezes e der um tapa com força na sua nuca, você ficará hipnotizado."

Robert Penn Warren escreveu isso sobre uma outra estrada, mas também poderia ter sido sobre a estrada do Vale, a Rota 99, quase quinhentos quilômetros de Bakersfield a Sacramento, uma estrada tão reta que nos voos mais diretos de Los Angeles a Sacramento nunca se perde a 99 de vista. A paisagem que ela atravessa, aos olhos destreinados, nunca varia. Os olhos do Vale podem discernir o ponto em que quilômetros de mudas de algodão se dissipam em quilômetros de mudas de tomate, ou onde os ranchos de grandes corporações — como as terras do condado de Kern e o que resta de DiGiorgio — dão lugar às operações privadas (em algum lugar no horizonte, se a área é privada sempre se vê uma casa e um matagal), mas essas distinções são irrelevantes a longo prazo. Durante o dia inteiro, tudo o que se move é o sol e os grandes aspersores Rainbird.

De vez em quando aparece uma cidade ao longo da 99, entre Bakersfield e Sacramento: Delano, Tulare, Fresno, Madera, Merced, Modesto, Stockton. Algumas dessas cidades são bem grandes agora, mas no fundo são as mesmas, construções de um, dois ou três andares, dispostas de forma tosca, de modo que o que parece ser uma butique de roupas finas fica ao lado de uma filial da loja de departamentos W. T. Grant, e o grande Bank of America fica bem em frente a um complexo de cinema mexicano. *Dos Peliculas, Bingo Bingo Bingo.* Do outro lado do centro da cidade (que chamam de "downtown" com o sotaque típico de Oklahoma, que agora impregna o modo de falar do Vale), há quarteirões de casas antigas, com pintura descascando, calçadas rachadas e ocasionalmente janelas de vitrais âmbar com vista para um restaurante Foster's Freeze, um lava-rápido ou um escritório da State Farm. Além disso, alastram-se shopping centers e quilômetros de casas geminadas em tons pastéis e com revestimento de sequoia, sinais inconfundíveis de construções baratas que podem ser notados nas casas que sobreviveram à primeira chuva. A qualquer estranho que venha dirigindo um carro com ar-condicionado pela 99 (suponho que um estranho dirigindo na 99 estaria em viagem de negócios, pois essa estrada nunca levaria turistas até Big Sur ou San Simeon, nunca os levaria até a Califórnia que queriam conhecer), essas cidades devem parecer tão planas e empobrecidas que drenam a imaginação. Elas aludem a noites vagando por postos de gasolina e a pactos suicidas selados em drive-ins.

Mas lembre-se:

P. De que maneira a Terra Santa se parece com o Vale do Sacramento?
R. Nos tipos e na diversidade de seus produtos agrícolas.

A Rota 99 na verdade passa pela região agrícola mais rica e intensamente cultivada do mundo, uma estufa gigante ao ar livre com safras que valem 1 bilhão de dólares. É ao lembrar da riqueza do Vale que a planicidade monocromática de suas cidades assume um significado curioso e sugere um hábito mental que alguns achariam distorcido. Há algo na mentalidade do Vale que reflete uma indiferença genuína ao estranho no carro com ar-condicionado, uma incapacidade de perceber até mesmo sua presença, que dirá seus pensamentos ou desejos. A marca dessas cidades é uma insularidade implacável. Certa vez, conheci uma mulher em Dallas, uma mulher muito charmosa e atraente, acostumada com a hospitalidade e a hipersensibilidade social do Texas, e ela me disse que durante os quatro anos em que seu marido esteve baseado em Modesto, durante a guerra, ela nunca foi convidada para ir à casa de ninguém. Ninguém em Sacramento achava isso incomum ("Ela provavelmente não tinha parentes por lá", comentou alguém a quem contei a história), pois as cidades do Vale se entendem, compartilham um espírito peculiar. Pensam de forma parecida e se parecem. Posso distinguir Modesto de Merced, mas conheço os dois lugares, já fui dançar em ambos; além disso, sobre a rua principal de Modesto há um arco com um letreiro que diz:

ÁGUA — RIQUEZA
SATISFAÇÃO — SAÚDE

Não há um letreiro desses em Merced.

Eu disse que Sacramento era a menos típica das cidades de Vale, e de fato é, mas só porque ela é maior e mais diversificada, só porque tem os rios e a assembleia legislativa. Seu verdadeiro caráter ainda é o caráter do Vale, suas virtudes são as virtudes do Vale, sua tristeza, a tristeza do Vale. É tão quente quanto todo o Vale no verão, tão quente que o ar reluz, a grama branqueia e as persianas ficam o dia inteiro fechadas, tão quente que agosto chega não como se fosse um mês, mas uma aflição. É igualmente plana, tão plana que um rancho da minha família que fica numa ligeira elevação, talvez de trinta centímetros, era conhecido nos últimos cento e poucos anos como "o rancho da colina". (Neste ano é conhecido como uma subdivisão em construção, mas essa já é outra parte da história.) Acima de tudo, apesar das ingerências de fora, Sacramento mantém a insularidade do Vale.

Para captar essa insularidade, basta que um visitante leia uma edição de qualquer um dos dois jornais, o matinal *Union* ou o vespertino *Bee*. O *Union* é republicano e está empobrecido e o *Bee* é democrata e poderoso ("O VALE DOS BEES!" é como os McClatchys, proprietários dos jornais *Bee* das cidades Fresno, Modesto e Sacramento, costumavam encabeçar suas propagandas na imprensa especializada. "ISOLADO DE QUALQUER INFLUÊNCIA DE OUTRAS MÍDIAS!"), mas ambos se parecem bastante, e o tom dos seus interesses editoriais é estranho, maravilhoso e instrutivo. O *Union*, em um condado leal e fortemente democrata, se preocupa mais do que tudo com a possibilidade de que a John Birch Society assuma o seu controle local; já o *Bee*, fiel à vontade de seu fundador, segue fazendo cruzadas exaustivas contra fantasmas que ele ainda chama de "os trustes poderosos". Sombras de Hiram Johnson, a quem o *Bee* ajudou a eleger governador em 1910. Sombras de Robert La Follette, a quem o *Bee* entregou o Vale em 1924. Há algo nos jornais de Sacramento que não se conecta com o modo como Sacramento vive hoje, o que é realmente irrelevante. Os engenheiros aeroespaciais, como se sabe, leem o *Chronicle* de San Francisco.

Os jornais de Sacramento, entretanto, simplesmente espelham a peculiaridade de Sacramento, a sina do Vale, que é ficar paralisado por um passado que já não tem relevância. Sacramento é uma cidade que cresceu com a agricultura e descobriu, estupefata, que a terra tem usos mais lucrativos. (A Câmara de Comércio fornecerá os números de colheita, mas não preste atenção, o que importa é a sensação, é saber que o local onde um dia foi cultivado o lúpulo verde agora é Larchmont Riviera, que o que costumava ser o rancho de Whitney agora é Sunset City, 33 mil casas e um complexo de clubes.) É uma cidade onde a indústria armamentista e seus proprietários ausentes de repente se tornam os fatos mais importantes; uma cidade que nunca antes teve mais gente ou mais dinheiro, mas que perdeu sua *raison d'être*. É uma cidade na qual muitos dos cidadãos mais respeitáveis sentem sobre si mesmos uma espécie de obsolescência funcional. As famílias antigas ainda se veem, mas não tanto quanto antes; elas estão cerrando fileiras, se preparando para a longa noite, vendendo seus direitos de passagem e vivendo dos lucros. Seus filhos ainda se casam entre si, ainda jogam bridge e ainda entram juntos em empreendimentos imobiliários. (Não há outros negócios em Sacramento, não há outra realidade além da terra. Até eu, quando morava e trabalhava em Nova York, me senti impelida a fazer um curso da Universidade da Califórnia, de Economia do

Espaço Urbano, à distância.) Mas em plena madrugada, depois que o gelo já derreteu, agora há sempre alguém, algum Julian English,* que perdeu a motivação. Pois lá fora, nos arredores da cidade, estão reunidas as legiões de engenheiros aeroespaciais, que falam na sua peculiar linguagem condescendente, cuidam de suas plantinhas herbáceas e planejam ficar na terra prometida; que estão criando uma nova geração de sacramentanos nativos e que não se importam, realmente não se importam, por não serem convidados a entrar para o Sutter Club. Isso faz com que as pessoas se questionem, em plena madrugada, quando o gelo já derreteu; com que insuflem um pouco de ar no útero, que pensem que o Sutter Club talvez não seja, afinal de contas, como o Pacific Union ou o Bohemian, pois Sacramento não é *a cidade*. E é quando duvidam de si dessa forma que as cidades pequenas perdem a personalidade.

Quero contar para você uma história de Sacramento. A poucos quilômetros da cidade, existe um lugar de 2 mil ou 3 mil hectares que inicialmente pertencia a um fazendeiro que tinha uma filha. Essa filha foi para o exterior e se casou com um homem com título de nobreza, e quando ela o trouxe para casa, para morar no rancho, seu pai construiu para eles uma casa muito grande, com salas de música, jardins de inverno, salão de baile. Eles precisavam de um salão de baile porque se divertiam com gente que vinha de fora, gente de San Francisco, fazendo festas em casa que duravam semanas e requeriam trens especiais. Eles já morreram há muito tempo, é claro, mas o único filho que tiveram, já envelhecendo e

---

* Referência ao protagonista do livro *Encontro em Samarra*, de John O'Hara. Julian English é um jovem rico, cínico e autodestrutivo. A história se passa durante a Grande Depressão.

solteiro, ainda vive no rancho. Ele não mora na casa, pois ela não está mais lá. Ao longo dos anos ela foi pegando fogo, um quarto após o outro, uma ala após a outra. Apenas as chaminés da grande casa ainda estão de pé, e seu herdeiro vive à sombra delas, sozinho, no terreno carbonizado, dentro de um trailer.

Essa é uma história que a minha geração conhece. Duvido que as próximas, dos filhos dos engenheiros aeroespaciais, venham a conhecer. Quem lhes contaria? Suas avós moram em Scarsdale e eles nunca conheceram uma tia-avó. A "velha" Sacramento para eles será pitoresca, terão lido a respeito dela na revista *Sunset*. O mais provável é que pensem que a revitalização sempre existiu, que o embarcadouro, ao longo do rio, com seus lugares divertidos para fazer compras e seus singulares quartéis de bombeiros transformados em bares, tem a atmosfera exata da cidade tal como ela era. Não haverá motivo para eles saberem que, em tempos mais rústicos, a cidade se chamava Front Street (afinal, não tinha sido colonizada por espanhóis) e era um lugar abandonado, de marginais, missões e catadores itinerantes que vinham à cidade para um sábado à noite de bebedeira: "MISSÃO DA VIDA VITORIOSA", "JESUS SALVA", "CAMAS POR 25 CENTAVOS A NOITE", "INFORMAÇÕES SOBRE COLHEITAS AQUI". Eles vão perder o passado real e ganhar outro, fabricado, e não vai ter como saberem, de forma alguma, por que um trailer encontra-se isolado em uma área de mais de 2 mil hectares nos arredores da cidade.

Mas talvez seja presunçoso de minha parte supor que eles estejam perdendo alguma coisa. Retrospectivamente, talvez essa história não tenha sido sobre Sacramento, mas sobre as coisas que perdemos e as promessas que quebramos à medida que envelhecemos. Talvez, sem me dar conta, eu tenha interpretado o papel de Margaret no seguinte poema:

Margaret, are you grieving
Over Goldengrove unleaving?
[...]
It is the blight man was born for,
It is Margaret you mourn for. *

1965

---

* Trecho do poema "Spring and Fall", de Gerard Manley Hopkins. Em tradução de Alípio Correia de Franca Neto: "Margarida, você sofre se olha/ O Bosque de Ouro que se desfolha?/ [...] É a praga que o homem nasce — agora/ É a Margarida que você chora".

Carta do paraíso, 21º 19'N, 157º 52'O

Como andava havia muito tempo cansada, muito briguenta, sempre com muito medo de enxaquecas e fracassos, e os dias estavam ficando mais curtos, eu, uma filha recalcitrante de 31 anos, fui mandada pro Havaí, onde o inverno não chega, ninguém fracassa e 23 anos é a média de idade. Lá eu poderia me tornar uma nova mulher, lá com os vendedores de seguros de vida em suas viagens de incentivo de um milhão de dólares por ano, lá com o hospital pediátrico Shriners e os divorciados de San Francisco e as secretárias espalhafatosas e as garotas de biquíni de lacinho e os garotos em busca da onda perfeita, crianças que entendiam da tranquilidade econômica que é comprar uma Honda ou uma prancha de surf por um dólar de entrada e mais 2,50 dólares por semana e em seguida abandoná-las, crianças a quem nunca disseram, como disseram para mim, que rapazes e moças de ouro devem, todos, como os limpa-chaminés, voltar ao pó.* Eu ia deitar sob o mesmo sol que deixava Doris Duke e Henry Kaiser eternamente confiantes. Ia brincar de beber daiquiris granizados e usar flores no cabelo como se dez anos não tivessem passado. Veria com meus próprios olhos que logo depois do fim da fila não estava Despond, mas Diamond Head.

---

* Inserção dos versos de Shakespeare, em *Cimbelino*: "*Golden lads and girls all must/ as chimney sweepers come to dust*".

Lá fui eu, uma visitante cautelosa. Não creio que as histórias contadas pelas mãos das adoráveis dançarinas de hula-hula mereçam muito estudo. Nunca ouvi uma palavra havaiana, incluindo, e talvez até particularmente, *aloha*, que expressasse com precisão alguma coisa que eu tivesse a dizer. Não tenho capacidade suficiente para me surpreender nem coração suficiente para ouvir repetidas vezes as mesmas fábulas, para desenhos tediosos do Centro-Oeste em camisas de souvenir, para viúvas em excursão com vestidinhos estampados com motivos polinésios e imitações de pérolas, para o que tivesse a ver com o Kodak Hula Show, com os luaus nas noites de domingo, com o professor da escola e com o Beach Boy. E então, agora que expus francamente que me falta o espírito adequado ao paraíso, seja ele real ou fac-símile, será difícil dizer exatamente como e por que o Havaí mexe comigo, me emociona, entristece, perturba e atrai a minha imaginação, o que ainda sinto no ar tanto depois de ter esquecido os cheiros de jasmim-manga e de abacaxi e o som das palmeiras quando batem ventos alísios.

Talvez por ter crescido na Califórnia, o Havaí sempre figurou nas minhas fantasias. Quando criança eu ficava nas praias da Califórnia e imaginava que via o Havaí, certas cintilações do pôr do sol, intermitências quase imperceptíveis vislumbradas com os olhos semicerrados. O curioso vazio dessa fantasia era que eu não tinha a mínima ideia de como seria o Havaí caso o visse, pois na minha mente infantil havia três Havaís longínquos e eu não conseguia perceber nenhuma conexão entre eles.

Para começar, havia o Havaí que me mostraram pela primeira vez em um atlas, no dia 7 de dezembro de 1941, os pontinhos marcados em tom pastel significavam a guerra, o meu pai indo embora, Natais improvisados em quartos alugados perto das bases da Força Aérea, e nada nunca mais sendo como antes. Depois, quando a guerra terminou, havia outro Havaí, uma *big rock candy mountain** no Pacífico, que a mim se apresentou nas fotografias de jornal dos bem nutridos revendedores de carros Lincoln-Mercury, relaxando numa canoa havaiana no hotel Royal Hawaiian ou então *en famille* desembarcando do *Lurline*; um Havaí onde os primos mais velhos podem passar as férias de inverno aprendendo a surfar pranchas (pois era assim que se dizia naqueles tempos mais simples, surfar pranchas, e era algo peculiar ao Havaí) e onde madrinhas podiam se dirigir para descansar e aprender todas as versões de "My Little Grass Shack in Kealakekua Hawaii". Não lembro quantas noites fiquei acordada na cama e ouvi alguém lá embaixo cantando "My Little Grass Shack in Kealakekua Hawaii", mas lembro que não fiz nenhuma ligação entre esse Havaí e o de 7 de dezembro de 1941.

E havia também, para sempre, um terceiro Havaí, um lugar que parecia não ter a ver nem com guerra nem com madrinhas passando férias, mas somente com o passado e com a perda. Meu último familiar direto a morar no Havaí foi um trisavô que, como jovem missionário, lá lecionava em 1842; e me foi dado a entender que a vida nas Ilhas, assim nós da Costa Oeste chamávamos o Havaí, estava em declínio constante desde então. Minha tia se casou com alguém de uma família que por gerações tinha vivido nas Ilhas, mas que nunca mais voltou lá nem sequer para uma visita; "Não desde o sr. *Kaiser*", justificavam, como se a construção do Hawaiian Village Hotel em alguns hectares de um lodaçal recuperado à beira-mar, perto da base militar de Fort De Russy, tivesse, ao primeiro balanço do guindaste do construtor, aniquilado a infância de todos eles

---

* Título da canção folk de Harry McClintock, em que ele descreve o paraíso perfeito na visão de itinerantes sem teto. Há fontes cristalinas, o sol brilhante, pássaros, montanhas de bala e também árvores de cigarro e riachos de álcool. A música ficou ainda mais popular quando, em 1949, Burls Ives gravou uma versão alterada e "limpinha" para crianças.

e de seus pais, arruinado para sempre algum jardim das cerejeiras subtropical, onde, no suave borrão da memória, todas as noites a mesa estava posta para 48 pessoas, pronta caso alguém mais aparecesse; como se Henry Kaiser pessoalmente os tivesse condenado a viver a vida no exílio na Califórnia, exclusivamente com suas lembranças simbólicas, os porongos, as cadeiras entalhadas do palácio, os talheres de prata para 48, o diamante que tinha sido da rainha Liliuokalani e as pesadas toalhas de linho bordadas em todas as longas tardes douradas que já não existiam mais.

É claro que, quando fui ficando mais velha, reconheci que o nome "Henry Kaiser" tinha uma carga mais simbólica do que literal, mas mesmo assim eu não entendia a questão, imaginava que era apenas a proliferação de hotéis e de voos econômicos de cem dólares que perturbavam a antiga ordem, que haviam conseguido remover minhas primeiras lembranças do Havaí, daquele Havaí que significava guerra, como um acidente da história, uma aberração que não era relevante nem para o doce idílio que o passado deveria ter sido nem para o frenético tributo ao lazer da classe média que deve ser o presente. Ao fazer isso, equivoquei-me completamente sobre o Havaí, pois se existe uma única aura que permeia Honolulu, um clima que empresta um brilho febril às luzes, uma absurdez de partir o coração aos catamarãs cor-de-rosa e que ativa a imaginação como um mero paraíso jamais faria, esse clima, inevitavelmente, é de guerra.

Começa, é claro, a partir do que nos lembramos.

O Havaí é o nosso Gibraltar e quase a nossa costa do canal. Os aviões, seus olhos afiados pela clareza constante do Pacífico e seus dias azuis podem facilmente vigiar um imenso círculo marítimo, do qual o Havaí é o centro. Com o Havaí em guarda, os especialistas acreditam que um ataque surpresa da Ásia seria praticamente impossível. Enquanto for nossa a grande base naval de Pearl Harbor, ao lado de Honolulu, os navios de guerra e os submarinos americanos podem dar conta de suas incumbências de teor não Pacífico com a maior facilidade. Pearl Harbor é uma das maiores, se não a maior, base naval do mundo. Pearl Harbor tem imensas reservas de combustível e de comida, e hospitais enormes e preparados para a cura de qualquer ferimento que o aço possa causar. É o único santuário seguro em todo o vasto Pacífico, tanto para navios como para homens.

John W. Vandercook,
Vogue, 1º de janeiro de 1941

Agora, 25 anos após o fato, barcos de excursão rosa-choque partem todas as tardes da Kewalo Basin para Pearl Harbor. À primeira vista, é uma espécie de festividade desprezível: a perspectiva de um passeio num belo dia, os passageiros trocando reclamações sobre guias de turismo, acomodações e a comida do restaurante de Peter Canlis, Charcoal Broiler, os garotos nas bordas do barco arremessando moedas; "Ei, Mister Big", eles gritam. "Tem uma moedinha?" Às vezes, uma mulher joga uma nota de dinheiro e depois fica indignada quando os insolentes corpos castanhos a agarram no ar e zombam de suas expectativas. Quando o barco sai da marina, os meninos nadam de volta com as bochechas recheadas de dinheiro, as crianças resmungam que prefeririam estar na praia, e as mulheres, que usam seus novos vestidos da Liberty House* e sobras dos colares de flores, bebericam suco de mamão e estudam um folheto anunciado como *A lembrança ideal: História ilustrada de 7 de dezembro*.

---

* Loja de departamentos em Honolulu (1849-2001).

Essa é, afinal, uma história familiar de que já ouvimos falar — familiar até para as crianças, pois é claro que elas viram John Wayne e John Garfield em Pearl Harbor, passaram inúmeras tardes chuvosas assistindo a Kirk Douglas, Spencer Tracy e Van Johnson se perguntando em voz alta por que a base aérea de Hickam não está respondendo nesta manhã — e ninguém presta muita atenção no que diz o guia. A cana-de-açúcar agora sopra com a brisa no lugar onde o couraçado *Nevada* encalhou. Uma figura ociosa treina tacadas de golfe em Ford Island. Funcionários brotam com mais suco de mamão. É difícil lembrar o que viemos lembrar.

E então algo acontece. Em duas tardes, peguei aquele barco rosa-choque para Pearl Harbor, mas ainda não sei o que fui descobrir, que é o que outras pessoas respondem um quarto de século depois. Não sei por que em um dado momento comecei a chorar e não reparei em mais ninguém. Comecei a chorar no lugar onde está o *Utah* — afundado a quinze metros da superfície, a água nem azul reluzente nem turquesa aqui, mas o cinza das águas de harbor por todos os lados — e não parei até depois que o barco rosa já havia deixado o *Arizona*, ou o que se pode ver do *Arizona*: a torre giratória enferrujada saindo da água cinzenta, a bandeira hasteada no alto do mastro porque a Marinha ainda considera o *Arizona* oficial, com uma tripulação completa a bordo, 1102 homens de 49 estados. Sobre como as outras pessoas reagem, tudo o que sei é o que me dizem: que todo mundo no *Arizona* está quieto.

Alguns dias atrás, alguém apenas quatro anos mais novo do que eu me disse que não entendia por que um navio afundado me afetava tanto, que o assassinato de John Kennedy, e não Pearl Harbor, tinha sido o evento mais indelével do que ele chamou repetidas vezes de "nossa geração". Só pude dizer a ele que éramos de gerações diferentes, e não contei o que quero contar para você, sobre um lugar em Honolulu que é ainda mais silencioso do que o *Arizona*: o Cemitério Memorial Nacional do Pacífico. Todos lá parecem ter vinte anos, os meninos enterrados ali, na cratera de um vulcão extinto chamado Punchbowl, de vinte, dezenove, dezoito anos, às vezes até menos. "SAMUEL FOSTER HARMON", lê-se numa lápide. "PENSILVÂNIA. PVT 27 RECRUTA SUBST. 5 DIV. MARINHA. SEGUNDA GUERRA MUNDIAL. 10 DE ABRIL DE 1928-25 DE MARÇO DE 1945." Samuel Foster Harmon morreu em Iwo Jima, quinze dias antes do seu 17º aniversário. Alguns deles morreram em 7 de dezembro, outros morreram depois que o *Enola Gay* já havia bombardeado Hiroshima, e outros nas datas dos desembarques em Okinawa, Iwo Jima e Guadalcanal; e uma longa fileira deles, segundo me disseram, morreu na praia de uma ilha de que não temos mais lembrança. Há 19 mil sepulturas na vasta cratera submersa no alto de Honolulu.

Fui várias vezes até lá. Se eu andasse até a borda da cratera, podia ver a cidade, olhar do alto para Waikiki, o porto e suas vias arteriais apinhadas de gente, mas lá em cima era silencioso e na altura da floresta tropical, de modo que caía uma leve névoa quase o dia todo. Uma tarde, chegou um casal e deixou três colares de flores no túmulo de um garoto da Califórnia, que tinha morrido aos dezenove anos, em 1945. As flores já estavam murchando quando finalmente a mulher as deixou sobre o túmulo, pois por muito tempo ela ficara ali retorcendo-as nas mãos. De modo geral, sou capaz de imaginar os efeitos da morte no longo prazo, mas penso muito sobre o que há para lembrar, 21 anos depois, de um garoto que morreu aos dezenove anos. Não vi mais ninguém por lá, a não ser os homens que cortam a grama e os que cavam novas sepulturas, pois agora estão chegando corpos vindos do Vietnã. Os túmulos ocupados na semana passada, na semana anterior e até mesmo no mês passado ainda não têm lápides, apenas cartões de identificação de plástico, manchados pela névoa e com espirros de lama. A terra está crua e pisada naquela parte da cratera, mas a grama cresce rapidamente, perto das nuvens carregadas.

A cratera não fica muito longe da Hotel Street, que é em Honolulu o que a Market Street é em San Francisco, a rua mais iluminada da noite de uma cidade portuária. O porta-aviões *Coral Sea* estava em Honolulu naquela semana, com 165 homens do Vietnã em licença para repouso e recuperação e 3500 fuzileiros navais a caminho de Okinawa e depois do Vietnã (eles faziam parte da Quinta Divisão da Marinha, reativada, e era à Quinta, não sei se você se lembra, que Samuel Foster Harmon, de dezesseis anos, pertencia), e além disso havia o complemento regular de pessoal para Pearl, Hickam, Camp H. M. Smith, Fort Shafter, Fort De Russy, Bellows A.F.B., a Estação Aérea do Corpo de Fuzileiros Navais de Kaneohe e o Quartel Schofield, e mais cedo ou mais tarde todos estavam no centro da cidade, na Hotel Street. Eles sempre iam lá. A Marinha limpou os faróis vermelhos no fim da Segunda Guerra Mundial, mas as Hotel Streets deste mundo aparentemente não mudam de uma guerra para outra. As meninas com hibisco no cabelo vagueiam em frente aos salões de bilhar japoneses, casas de fliperama e estúdios de massagem. "PROCURAM-SE GAROTAS PARA TRABALHAR COM MASSAGEM", diz a placa. "VIBRAÇÕES REVIGORANTES." Os videntes se sentam e ficam lixando as unhas atrás de cortinas de papel florido. Na calçada, os garotos do elenco do show *Boys Will Be Girls* sobressaem com seus vestidos de lamê, fumando cigarros e conferindo os marinheiros.

E os marinheiros ficam bêbados. Todos parecem ter vinte anos na Hotel Street, vinte, dezenove, dezoito, e bebem porque não estão mais em Des Moines e ainda não estão em Danang. Eles visitam os salões onde se paga para dançar com mulheres, os lugares de strip que têm fotos de Lili St. Cyr e Tempest Storm do lado de fora (Lili St. Cyr estava na Califórnia e Tempest Storm em Baltimore, mas não importa, todas se parecem nas noites de sábado em Honolulu) e cavucam os bolsos pescando moedas para ver os filmes artísticos nos fundos do lugar que vende *Sunshine*, *Nude* e todos os livros em brochura com garotas acorrentadas na capa. Eles plastificam suas fotos. Gravam suas próprias vozes (*Oi, querida, esta noite estou em Honolulu*) e conversam com as meninas com hibisco no cabelo.

Mas, na maioria das vezes, eles só ficam um pouco bêbados, empurram-se na calçada para se esquivar da Patrulha das Forças Armadas do Havaí e se desafiam a fazer tatuagens. Em um show de bravata, arrancam as camisas meio quarteirão antes de chegarem ao Estúdio de Tatuagem Lou Normand e depois se sentam com impassibilidade pasmada enquanto a agulha marca seus corpos com um coração, uma âncora ou, se estiverem particularmente corados ou bêbados, uma réplica de Cristo na cruz com os estigmas em vermelho. Seus amigos se aglomeram do lado de fora do cubículo de vidro, observando a pele ficar avermelhada enquanto, o tempo todo, "King of the Road" toca num bar de música country na esquina e reverbera pela Hotel Street. As músicas variam e os garotos vão e vêm, mas Lou Normand está há Trinta Anos no Mesmo Local.

Talvez não seja surpreendente que exista um clima de guerra nos cenários de derrotas famosas, nos túmulos de garotos de dezessete anos e no centro da cidade portuária. Mas o clima não está só nesses lugares. A guerra está na própria estrutura da vida no Havaí, fixada de maneira inextirpável tanto nas emoções quanto na economia, dominando não apenas a memória, mas também a visão de futuro. Em algum momento, toda conversa sobre Honolulu se refere ao passado de guerra. Sentadas em seus jardins no alto de Makiki, entre copas de oró e jasmins-estrela, as pessoas olham para Pearl Harbor, tomam mais um drinque e contam para você como foi a manhã em que aquilo aconteceu. Webley Edwards falava no rádio, se lembram disso, e o que ele disse naquela manhã repetidas vezes foi: "Este é um ataque aéreo, proteja-se, *este é o verdadeiro McCoy*". Esta não é uma fala extraordinária, mas é algo extraordinário de se guardar na memória. E eles se lembram das pessoas subindo de carro as colinas e estacionando para assistir aos incêndios, exatamente como fazem agora quando é esperada uma onda de tsunami. Se lembram das alas de emergência nos auditórios das escolas e das crianças mais velhas sendo despachadas para vigiar os depósitos de armas descarregadas. Riem das tentativas de atravessar a estrada de Pali no nevoeiro depois do apagão das nove horas da noite e de como suas mulheres levaram calhamaços de livros e lenços grandes até a YWCA* e os usaram para ensinar as meninas das ilhas mais distantes a fazer uma cama de hospital, e se lembram de como era quando havia apenas três hotéis nos três quilômetros de Waikiki, o Royal para a Marinha, o Halekulani para a imprensa e o Moana. De fato, eles conseguem deixar uma impressão vaga de que foi em 1945, ou talvez 1946, que foram a Waikiki pela última vez. "Imagino que o Royal não tenha mudado", comentou comigo um nativo que mora a oito minutos do Royal. "O Halekulani", disse uma outra nativa, como se fosse um lampejo da memória, e ela estava incerta de que o hotel ainda existia. "*Esse* costumava ser divertido para beber." Todo mundo era mais jovem na época e, nos relatos, um certo brilho radiante tinge aqueles anos.

* Young Women's Christian Association (Associação Cristã de Mulheres Jovens).

E então, se eles têm uma participação na venda do Havaí, e há muito pouca gente no Havaí que se recusa a perceber que eles têm uma participação na venda, eles explicam por que o futuro do Havaí é tão brilhante. Apesar do que pode ser considerado uma falsa economia clássica, baseada primeiramente nas Forças Armadas, depois nos turistas e em terceiro lugar no açúcar subsidiado, o futuro do Havaí é brilhante porque o Havaí é o centro do Pacífico, uma frase quase tão usada em Honolulu quanto "o nosso maravilhoso espírito *aloha*". Apontam que o Havaí é o centro do Pacífico no que diz respeito à indústria de viagens, e que o Havaí também é o centro do Pacífico no que diz respeito — aí fazem uma pausa, talvez peguem uma taça e a estudem antes de continuar. "E, bom, francamente, se for pro outro lado, o que quero dizer com isso é que se a *situação* for pro outro lado, estamos igualmente no lugar certo." Talvez em nenhum outro lugar nos Estados Unidos a perspectiva de guerra seja vista com tanta equanimidade.

É claro que é fácil sugerir as razões para isso, dizer que, afinal, o Havaí já passou por uma guerra, ou ressaltar que Honolulu continua a estar em uma zona de guerra, imersa no vocabulário das Forças Armadas, comprometida a fundo com o negócio da guerra. Mas é mais profundo do que isso. A guerra é vista com uma ambivalência curiosa no Havaí porque a maior parte de sua população interpreta, ainda que inconscientemente, que a guerra é uma força para o bem, um instrumento de progresso social. E, é claro, foi precisamente a Segunda Guerra Mundial que quebrou a estrutura da economia feudal açucareira, abriu a economia para contratações e abriu uma sociedade que estava imóvel, destruiu para sempre o agradável mas desafiador mundo colonial no qual um punhado de famílias controlava tudo o que o Havaí fazia, onde comprava, como embarcava suas mercadorias, quem podia entrar, até onde essas pessoas podiam ir e em que momento seriam deixadas de fora.

A maioria de nós tem em mente alguma imagem do Havaí antes da guerra. Ouvimos a expressão "Big Five" e temos uma noção geral de que certas famílias obtiveram muito dinheiro e poder no Havaí, e os mantiveram por um longo período. A realidade do poder havaiano era ao mesmo tempo mais óbvia e mais sutil do que se poderia imaginar. As cinco empresas integrantes do grupo Big Five — C. Brewer, Theo. H. Davies, American Factors, Castle & Cooke e Alexander & Baldwin —, que começaram como "financiadoras" dos agricultores de cana-de-açúcar, na realidade eram administradoras das plantations. Ao longo dos anos, as famílias do Big Five e algumas outras — os Dillingham, por exemplo, descendentes de um marinheiro ilhado que construiu a primeira ferrovia do Havaí — casaram-se entre si, participaram dos conselhos diretores umas das outras, se envolveram nas áreas de transporte, seguro e dinheiro, e formaram uma oligarquia benevolente, diferente de qualquer outra no continente.

Por quase meio século, essa diretoria interligada se estendia a todas as áreas da vida havaiana, e podia exercer o seu poder de maneira imediata e pessoal. A American Factors, uma companhia açucareira, por exemplo, era proprietária (e ainda é) da principal loja de departamentos do Havaí, a Liberty House. Em 1941, a Sears, Roebuck e Cia., trabalhando secretamente por meio de intermediários, comprou terras para fazer uma loja no subúrbio de Honolulu. A Sears finalmente abriu a loja, mas não antes que o seu presidente, Robert E. Wood, ameaçasse comprar seu próprio navio para expedir os produtos. Havia alguma dúvida se a Matson Navigation, controlada por Castle & Cooke e Alexander & Baldwin, enviaria mercadorias para qualquer um que tentasse competir de forma tão direta com uma empresa do grupo Big Five.

Aquele era o Havaí. E aí veio a Segunda Guerra Mundial. Os meninos da ilha foram para a guerra e voltaram para casa com novas ideias. Entrou dinheiro continental, contra toda a oposição da ilha. Após a Segunda Guerra, o falecido Walter Dillingham pôde descer de sua casa em Diamond Head para comparecer a uma audiência pública e escalar Henry Kaiser como o epíteto mais significativo do Havaí *antebellum* — "visitante" — e ver a significância que perdera para, talvez, metade de seu público. Em pensamento, embora não de fato, a Segunda Guerra Mundial fez de cada pessoa um Dillingham; e qualquer um no Havaí que fosse lento para perceber isso por conta própria recebia avisos constantes, de políticos, líderes trabalhistas e observadores.

A extensão da mudança, é claro, tem sido superdimensionada, às vezes por razões sentimentais, outras por razões estratégicas, mas é verdade que o Havaí não é mais o que já foi um dia. Ainda há somente um "Lowell" em Honolulu, e esse é Lowell Dillingham; ainda há somente um "Ben", e esse é seu irmão — mas Ben Dillingham foi esmagadoramente derrotado por Daniel Inouye, um nissei, em sua campanha de 1962 para o Senado dos Estados Unidos. (Na década de 1920, quando um comitê do Congresso perguntou ao pai de Ben Dillingham e a Henry Baldwin por que tão poucos japoneses votavam no Havaí, eles só podiam suspeitar que talvez os japoneses estivessem sendo instruídos por Tóquio.) Na Honolulu conservadora, ainda existe um forte sentimento de que os Big Five "se renderam" à labuta — mas Jack Hall, o duro líder da ILWU* que já foi condenado pelo Congresso por conspirar a favor do uso da força e da violência para a derrubada do

---

* Sigla para a International Longshore and Warehouse Union, sindicato que representa sobretudo estivadores da Costa Oeste dos Estados Unidos, do Havaí, da Colúmbia Britânica e do Canadá.

governo americano, agora faz parte do conselho do Departamento de Visitantes do Havaí e elogia as senhoras do Outdoor Circle por seus esforços na "preservação das belezas do Havaí". E Chinn Ho, que quando era estudante fazia cotações no quadro-negro para um corretor, agora tem não só alguns milhões de dólares em imóveis, mas também a casa desse corretor, em Diamond Head, e é vizinho de Ben Dillingham. "O negócio é que", disse a sobrinha do corretor, "eu acho que ele já tinha isso em mente aos catorze anos."

Mas talvez não exista forma mais clara de entender a mudança do que visitando a Escola Punahou, que os missionários fundaram "para seus filhos e os filhos de seus filhos", uma declaração de finalidade que até pouco tempo atrás era interpretada de forma literal. Folhear os livros escolares antigos da Punahou é instruir-se sobre a oligarquia havaiana, pois os mesmos nomes aparecem ano após ano, e os nomes são os mesmos que aparecem em pedra polida ou em discretas letras de latão ao redor do que Honolulu chama de The Street, a Merchant Street, nas esquinas onde os Big Five têm seus escritórios e a maioria dos negócios da Ilha é fechada. Em 1881, um Alexander foi patrono e fez o discurso de formatura e um Dillingham leu o poema de formatura da turma; na graduação de 1882, um Baldwin falou sobre "imigração chinesa", um Alexander sobre "*labor ipse voluptas*" e um Bishop sobre a "luz do sol". E embora os havaianos da mais alta casta sempre tenham coexistido com e, além disso, casado com membros da oligarquia branca, seus colegas de classe na Punahou, quando chegava a hora das profecias sobre os alunos, geralmente os imaginavam "tocando numa banda".

Não é que Punahou não seja mais a escola da elite poderosa da Ilha; ela é. "Sempre haverá espaço na Punahou para as crianças que pertencem a este lugar", garantiu o dr. John Fox, diretor da escola desde 1944, aos ex-alunos em um recente comunicado. Porém, se em 1944 havia 1100 estudantes com QI médio de 108, agora há 3400 estudantes com QI médio de 125. Se antes os orientais eram 10% dos matriculados, agora eles representam pouco menos de 30%. E é assim que, do lado de fora da nova Biblioteca Cooke de Punahou, onde os arquivos são mantidos por uma trineta do reverendo Hiram Bingham, ficam sentados, entre as flores de jasmim-manga espalhadas nos degraus, menininhos chineses com seus livros em maletas de viagem da Pan American.

"John Fox é bastante controverso, você já deve saber", dizem às vezes ex-alunos da família, mas não dizem exatamente onde está a controvérsia. Talvez porque o Havaí se venda tão assiduamente como o maior modelo de um moderno caldeirão de culturas, todas as conversas são bem delicadas no que tange às relações raciais. "Eu não diria exatamente que aqui houve discriminação", explicou com tato uma mulher de Honolulu. "Diria que tínhamos um espírito maravilhosamente competitivo." Outra simplesmente deu de ombros. "É apenas uma coisa sobre a qual nunca houve pressão. Os orientais são... bem, discretos não é bem a palavra, mas eles não são como os negros e os judeus, eles não se metem onde não são bem-vindos."

Mesmo entre os que são considerados os liberais da ilha, e para qualquer um que sobreviveu a esses anos hipersensíveis no continente, a questão da raça é tratada com uma ingenuidade curiosa e um tanto envolvente. "Com certeza tem gente aqui que conhece os chineses socialmente", me disse uma mulher. "Convidam eles para ir às suas casas. O tio de um amigo meu, por exemplo, recebe o Chinn Ho em casa o tempo todo." Embora essa fosse uma declaração parecida com "Alguns de meus melhores amigos são Rothschild", aceitei-a no espírito em que foi oferecida — do mesmo modo que fiz com o progressismo primitivo de uma professora da Ilha que me explicava, enquanto descíamos uma rampa da sua escola, os milagres da integração educacional gerados pela guerra. "Olha", ela disse repentinamente, agarrando pelo braço uma bela menina chinesa e girando-a para que me encarasse. "Você não teria visto isto aqui antes da guerra. Olhe só esses olhos."

E assim, na mitologia peculiar e ainda insular do Havaí, os deslocamentos causados pela guerra se tornaram promessas de progresso. Se as promessas foram ou não cumpridas depende, é claro, de quem está falando, assim como o progresso ser ou não considerado uma virtude, mas em ambos os casos a guerra é crucial para a imaginação havaiana, a guerra que preenche a mente, a guerra que parece pairar sobre Honolulu como as nuvens carregadas de chuva pairam sobre o monte Tantalus. Não muitas pessoas falam sobre isso. Elas falam sobre as rodovias em Oahu, os condomínios em Maui, as latas de cerveja nas Cataratas Sagradas e sobre o quanto é sábio ignorar Honolulu completamente em favor de ir direto para o Mauna Kea do Laurance Rockefeller, no Havaí. (Na verdade, a noção de que o único lugar para passear nas ilhas havaianas fica em Maui ou Kauai ou o Havaí a essa altura já tem uma aceitação tão ampla que só se pode suspeitar que Honolulu se deva a um revival.) Ou, quando são mais visionárias, elas falam, em uma espécie de retórica de James Michener, sobre como o Havaí é um paraíso multirracial, um paraíso da gestão do trabalho e um paraíso progressista onde agora o passado está reconciliado com o futuro, onde Jack Hall, da ILWU, almoça no Pacific Club e onde o Bishop Estate, dono da maioria das propriedades privadas locais e repositório de tudo o que é conservador no Havaí, trabalha de mãos dadas com Henry Kaiser para transformar Koko Head em um empreendimento imobiliário de 350 milhões de dólares chamado Hawaii Kai. Se estão no ramo de viagens, falam sobre o ano de 1 milhão de visitantes (1970) e o ano de 2 milhões de visitantes (1980) e os 20 mil rotarianos que se reuniram em Honolulu em 1969 e falam sobre O Produto. "Os relatórios mostram do que precisamos", um viajante me disse. "Precisamos de mais atenção à forma do produto, precisamos moldá-lo." O produto é o lugar onde eles moram.

 Se são de Honolulu, mas um pouco arrivistas — digamos, se estiverem aqui só há trinta anos —, soltam o nome "Lowell" e falam sobre seus trabalhos de caridade. Se são de Honolulu, mas nem um pouco arrivistas, falam sobre abrir butiques e entrar no ramo imobiliário e talvez tenha sido rude da parte de Jacqueline Kennedy aparecer para jantar na casa de Henry Kaiser de vestidinho floral polinésio e pés descalços. ("Quero dizer, eu *sei* que as pessoas vêm aqui para relaxar e não para se vestir, mas ainda assim…") Chegam ao continente com bastante frequência, mas não o suficiente para que se informem bem sobre o que está acontecendo por lá. Gostam de entreter, de ser entretidos e de movimento. ("Como seria sem essas pessoas?", uma mulher me perguntou retoricamente. "Seria sábado à noite no clube de Racine, Wisconsin.") São pessoas muito gentis e entusiasmadas, e esbanjam tanta saúde, alegria e esperança que às vezes acho difícil conversar com elas. Acho que elas não entenderiam por que vim ao Havaí, e acho que talvez não entendam o que eu vou lembrar daqui.

1966

A rocha secular

A Ilha de Alcatraz agora está coberta de flores: capuchinhas laranja e amarelas, gerânios, gramíneas, íris azuis, margaridas-amarelas. Flores brancas brotam nas fendas do concreto no pátio de exercícios. Tapetes de rosinhas-de-sol cobrem as passarelas enferrujadas. "ATENÇÃO! NÃO PISAR! PROPRIEDADE DOS EUA." — ainda é possível ler a placa, grande, amarela e visível a uns quatrocentos metros de distância, mas desde 21 de março de 1963, o dia em que os últimos trinta homens da ilha foram retirados de lá e enviados para prisões com menor custo de manutenção, o alerta é apenas pro forma, as torres de tiro estão vazias, os blocos das celas abandonados. Não é um lugar desagradável de se estar, Alcatraz só com as flores, o vento, uma boia de navegação gemendo e a maré subindo na frente da Golden Gate, mas para gostar de um lugar como esse você precisa querer um fosso.

Às vezes eu quero, e é disso que falo aqui. Atualmente três pessoas vivem na Ilha de Alcatraz. John e Marie Hart moram no mesmo apartamento onde moraram nos dezesseis anos em que ele era agente penitenciário. Criaram cinco filhos na ilha, quando seus vizinhos eram Birdman e Mickey Cohen, mas Birdman e Mickey Cohen já foram embora de lá, assim como os filhos dos Hart, o último se casou numa cerimônia na ilha em junho 1966. Uma outra pessoa mora em Alcatraz, um marinheiro mercante aposentado chamado Bill Doherty que, junto com John Hart, é responsável pela Administração de Serviços Gerais e por manter uma vigilância de 24 horas na ilha de nove hectares. John Hart tem um cachorro chamado Duffy, e Bill Doherty tem um cachorro chamado Duke, e embora os cães sejam sobretudo bons companheiros, eles também são a primeira linha de defesa na Ilha de Alcatraz. Marie Hart tem uma janela de canto com vista para a linha do horizonte de San Francisco, cruzando dois quilômetros e meio de baía, e ela fica ali e pinta "paisagens" ou toca em seu órgão músicas como "Old Black Joe" e "Please Go 'Way and Let Me Sleep". Uma vez por semana, os Hart levam seu barco para San Francisco para pegar as correspondências e fazer compras no grande Safeway da marina, e de vez em quando Marie Hart sai da ilha para visitar os filhos. Ela gosta de manter contato com eles por telefone, mas recentemente, depois que um cargueiro japonês cortou o cabo, Alcatraz ficou sem serviço telefônico por dez meses. Todas as manhãs, o repórter de trânsito da rádio KGO joga o *Chronicle* de San Francisco do seu helicóptero e, quando tem tempo, ele desce na ilha para tomar um café. Ninguém mais vai para lá, exceto um homem da Administração de Serviços Gerais chamado Thomas Scott, que ocasionalmente leva um congressista ou alguém interessado em comprar a ilha ou, de tempos em tempos, sua mulher e seu filho pequeno para um piquenique. Muitas pessoas gostariam de comprar a ilha, e o sr. Scott acredita que isso traria cerca de 5 milhões de dólares em um leilão de lance fechado, mas a Administração de Serviços Gerais não pode vendê-la até que o Congresso apresente uma proposta permanente de transformar a ilha em um "parque da paz". O sr. Scott diz que ficará feliz de se livrar de Alcatraz, mas ser o encarregado de uma ilha fortaleza não é algo de que um homem desista sem ter pensamentos ambivalentes.

Eu fui até lá com ele um tempo atrás. Qualquer criança imaginaria uma prisão mais parecida com uma prisão do que

Alcatraz se parece. Afinal, por mais que tenha grades e arames, estes parecem inúteis, impertinentes; a própria ilha era a prisão, e a maré fria o seu muro. É precisamente como a chamavam: A Rocha. Bill Doherty e Duke nos deram acesso à doca e, na perua a caminho do penhasco, Bill Doherty falou com o sr. Scott sobre pequenos reparos que ele tinha feito ou pensava em fazer. Quaisquer reparos em Alcatraz são feitos para passar o tempo, uma espécie de arte da baleação de um zelador, porque o governo não paga por nenhum tipo de manutenção da prisão. Em 1963, teria custado 5 milhões de dólares fazer os consertos, motivo pelo qual foram descartados, e os 24 mil dólares por ano que custa agora a manutenção de Alcatraz são destinados sobretudo para a vigilância, parte do valor é usado para transportar em barcaças os 400 mil galões de água que Bill Doherty e os Hart usam todos os anos (não há água em Alcatraz, o que impede seu desenvolvimento), e o restante para aquecer dois apartamentos e manter algumas luzes acesas. Os prédios parecem literalmente abandonados. Os cadeados foram arrancados das portas das celas e os grandes mecanismos de travamento elétrico foram desconectados. As saídas de gás lacrimogêneo da cafeteria estão vazias e a pintura está estufando em todos os lugares, corroída pela maresia, descascando em grandes proporções de ocre e verde pálido. Fiquei um tempo na cela de Al Capone, de 1,5 por 2,5 metros, número 200 no segundo nível do Bloco B, e não uma das celas com vista, que eram prêmios concedidos por tempo de reclusão, e caminhei pelo bloco das solitárias, que ficava completamente preto quando as portas eram fechadas. "Snail Mitchel", dizia um rabisco de lápis na parede da Solitária 14. "O único homem que já levou um tiro porque andava devagar demais." Ao lado havia um calendário, os meses escritos na parede com os dias arranhados, maio, junho, julho e agosto de um ano indeterminado.

O sr. Scott, cujo interesse por penologia data do dia em que seu escritório adquiriu Alcatraz como uma potencial propriedade, falou sobre fugas e rotinas de segurança e apontou a praia onde Doc, o filho de Ma Barker, foi morto tentando escapar. (Disseram para ele voltar, ele disse que preferia levar um tiro, e levou.) Vi a sala de banho, ainda com sabonetes nas saboneteiras. Peguei um folheto amarelado de um culto de Páscoa (*Por que procurar os vivos entre os mortos? Ele não está aqui, mas ressuscitou.*) e toquei algumas notas em um piano vertical com o marfim das teclas apodrecido, tentei imaginar a prisão como ela tinha sido, com grandes luzes piscando a noite inteira nas janelas, os guardas patrulhando as galerias das armas e os talheres tilintando em uma sacola conferida após as refeições, tentei me submeter a algum desgosto, a algum terror noturno com as portas sendo trancadas e o barco se afastando. Mas o fato é que eu gostei de Alcatraz, uma ruína destituída de vaidades humanas, livre de ilusões humanas, um lugar vazio recuperado pelo clima, onde uma mulher toca um órgão para acabar com as lamúrias do vento e um velho joga bola com um cachorro chamado Duke. Eu poderia dizer que voltei porque tinha promessas a cumprir, mas talvez tenha sido porque ninguém me pediu para ficar.

1967

O litoral do desespero

Fui a Newport há pouco tempo para ver as grandes casas de campo de pedra do *fin-de-siècle*, onde no passado alguns americanos ricos veraneavam. Os lugares estão inertes ao longo da Bellevue Avenue e do Cliff Walk, um após o outro, as cortinas de seda desfiadas, mas as gárgulas intactas, monumentos a algo além da compreensão delas. São casas claramente construídas por alguma razão transcendental. Ninguém me esclareceu exatamente qual era essa razão. Tinham me prometido que as grandes casas de veraneio eram museus e alertado sobre a monstruosidade delas, tinham me garantido que o estilo de vida que elas sugeriam era incrivelmente gracioso e indescritivelmente rude, que os muito ricos eram diferentes de mim e de você e que, sim, eles pagavam menos impostos, e talvez "The Breakers" não fosse inteiramente de bom gosto, mas, ainda assim, *où sont les croquet wickets d'antan*. Eu tinha lido Edith Wharton e Henry James, que achavam que as casas deviam ficar lá para sempre, como recordações "das vinganças, peculiarmente embaraçosas, da proporção e da discrição afrontadas".

Mas tudo isso acaba sendo irrelevante, toda essa conversa sobre impostos, gostos e afrontas. Se, por exemplo, alguém se dedica, como fez a viúva de Richard Gambrill em 1900, a contratar o arquiteto que fez a Biblioteca Pública de Nova York e aprovar o projeto de um castelo francês do século XVIII em uma praia de Rhode Island, exigindo que o jardim fosse uma cópia do que Henrique VIII deu a Ana Bolena e nomeando o lugar de "Vernon Court", esse alguém de algum modo ultrapassa a responsabilidade pela "discrição" violada. Algo mais está em jogo aqui. Nenhum julgamento estético poderia se aplicar à Newport da Bellevue Avenue, às grandes loucuras por trás de seus portões construídos à mão; eles são produtos da metástase do capital, a Revolução Industrial levada ao extremo lógico, e o que sugerem é o quão recentes são as noções de que a vida deve ser "confortável" e quem a vive deve ser "feliz".

Afinal, a "felicidade" é uma ética do consumo e Newport é o monumento de uma sociedade em que a produção era vista como questão moral, como a recompensa, e não exatamente a finalidade, do processo econômico. O local é desprovido do princípio do prazer. Que houvesse dinheiro para construir "The Breakers", "Marble House" ou "Ochre Court" e que Newport tenha sido o lugar escolhido para construí-los é, em si, uma negação das possibilidades; a ilha é fisicamente feia, sem a graça salvadora da severidade extrema, uma paisagem mais propícia a ser dominada do que apreciada. A prevalência da topiaria nos jardins de Newport sugere o espírito do lugar. E não é como se não houvesse outras opções para essas pessoas: William Randolph Hearst não construiu em Newport, mas à margem do Pacífico. San Simeon, quaisquer que sejam suas peculiaridades, é de fato *la cuesta encantada*, banhos na luz dourada, ar sibarítico, um lugar profundamente romântico. Mas em Newport o ar proclama apenas as fontes de dinheiro. Mesmo que o sol mosqueie os vastos gramados e os chafarizes espirrem para todos os lados, há algo naqueles ares que não tem nada a ver com prazer e nem com uma tradição graciosa, uma sensação de que o dinheiro não pode ser gasto de formas belas, mas sim de que ele é ganho de forma severa, uma presença imediata dos poços, trilhos e fundições, de turbinas e contratos futuros de barriga de porco. É tão insistente a presença do dinheiro em Newport que inevitavelmente vem à cabeça a crueza do seu aparecimento por ali. A contemplação da mansão "Rosecliff" se dissolve na imagem do minerador Big Jim Fair cavando prata numa montanha em Nevada, para que sua filha pudesse morar em Newport. "O velho Berwind se viraria no túmulo para ver o caminhão de petróleo na entrada da garagem", me disse um guarda na "The Elms" enquanto examinávamos o jardim rebaixado. "Ele fez isso com carvão, um carvão macio." Ficavam tanto na minha cabeça quanto na do guarda — mesmo quando estávamos sob o sol, do lado de fora da casa de verão feita em mármore — o carvão, o carvão macio, e palavras como *betuminoso* e *antracite*, não as palavras das fantasias de verão.

Nesse sentido, Newport é curiosamente ocidental, mais próxima de Virginia City do que de Nova York, mais próxima de Denver do que de Boston. Tem a estridência normalmente creditada à fronteira. E, assim como na fronteira, o jogo lá não era bem para mulheres. Os homens pagavam por Newport e concediam às mulheres o privilégio de viver ali. Assim como as cristaleiras douradas podiam ser compradas para a correta exibição das porcelanas de Sèvres, as escadas de mármore também podiam ser compradas para a vantajosa exibição das mulheres. Nos gazebos ornamentados, elas podiam ser expostas sob uma luz diferente; também nas salas de estar francesas e ainda em algum outro cenário. Podiam ser convencidas, bajuladas, mimadas, podiam ganhar lindos quartos e vestidos desenhados por Charles Frederick Worth, era permitido que imaginassem que administravam suas casas e suas vidas, mas quando era chegada a hora de negociar, a liberdade que tinham se revelava um *trompe l'oeil*. Foi o ambiente da Praia de Bailey que tornou Edith Wharton neurastênica e que fez de Consuelo Vanderbilt, contra a vontade dela, a duquesa de Marlborough. As próprias casas são casas para homens, fábricas, solapadas por túneis e estradas de ferro, atravessadas por encanamentos para coletar água salgada, tanques para armazená-la, dispositivos para coletar água da chuva, cofres para faqueiros de prata, inventários de objetos de porcelana, de cristal e "toalhas de bandeja — finas" e "toalhas de bandeja — comuns". Em algum lugar nas entranhas de "The Elms" há uma lata de carvão que tem o dobro do tamanho do quarto de Julia Berwind. A mecânica dessas casas tem precedência sobre todos os desejos ou inclinações; nem por grandes paixões nem por caprichos matinais a fábrica pode ser fechada, tampouco a produção — de almoços, bailes de máscaras, marrons-glacês — pode ser ralentada. Ficar na sala de jantar da "The Breakers" é imaginar a fuga dali, suplicando uma enxaqueca.

Newport acaba sendo, então, homilética, um cenário fantasticamente elaborado para uma peça sobre a moralidade americana, na qual dinheiro e felicidade são apresentados como antitéticos. Que esses homens, em particular, tenham concebido tal teatro é curioso, e em algum momento todos nós nos julgamos; é difícil para mim acreditar que Cornelius Vanderbilt não tenha percebido, em nenhum instante, numa sala de bilhar escura do seu inconsciente, que ao construir "The Breakers" ele se autocondenou. O mundo lá fora deve ter parecido mais verde para todos eles, quando eram jovens e começaram a pôr os trilhos ou a procurar minério de alta qualidade em Comstock ou ousaram pensar que poderiam monopolizar o cobre. Mais do que quaisquer outras pessoas na sociedade, esses homens, ao que parece, sonharam o sonho e o fizeram funcionar. O que eles fizeram foi construir um lugar que parece ilustrar, como na cartilha de uma criança, que a ética da produção levava, passo a passo, à infelicidade, à restrição, à captura pela armadilha mecânica da vida. Dessa forma, a lição da Bellevue Avenue é mais seriamente radical do que a ideia da Brook Farm. Quem poderia deixar de ler o sermão nas pedras de Newport? Quem poderia pensar que a construção de uma ferrovia garantiria a salvação, quando não resta nada nos gramados dos homens que a construíram, senão as sombras de mulheres com enxaquecas e as charretes de pônei esperando as crianças há muito tempo mortas?

                1967

Guaymas, Sonora

Havia chovido em Los Angeles a ponto de o penhasco desmoronar na arrebentação das ondas e não tive vontade de me vestir de manhã, então decidimos ir para o México, para Guaymas, onde fazia calor. Não fomos pelo marlim. Não fomos mergulhar. Fomos para escapar de nós mesmos, e a maneira de fazer isso é partir de carro, descer e cruzar Nogales num dia em que os belos lugares verdes estiverem enfadonhos, em que só um lugar difícil, um deserto, será capaz de estimular a imaginação. O deserto, qualquer deserto, é certamente o vale da sombra da morte; volte do deserto e você se sentirá como Alceste, renascida. Depois de Nogales, na Rota 15, não há nada além do deserto de Sonora, nada além de mosquitos, cascavéis e a Sierra Madre flutuando para o leste, nenhum rastro de esforço humano a não ser um ocasional caminhão Pemex acelerado indo pro norte e, de vez em quando, ao longe, os carros Pullman empoeirados passando pelo Ferrocarril del Pacífico. Magdalena fica na Rota 15, e depois Hermosillo, onde os compradores americanos de minério e gado se reúnem no bar do Hotel San Alberto. Há um aeroporto em Hermosillo, e Hermosillo fica a apenas 137 quilômetros ao norte de Guaymas, mas voar é desviar do plano. O propósito é ficar desorientado e reconciliado pelo calor, pelas perspectivas enganosas e pela sensação opressiva da carniça. A estrada reluz. Os olhos querem fechar.

E então, passado aquele momento em que o deserto se tornara a única realidade, a Rota 15 chega à costa e lá está Guaymas, um golpe lunar de morros e ilhas vulcânicos, com o calor do Golfo da Califórnia lambendo sem esforço tudo ao redor, lambendo até mesmo o cacto, a água vítrea como uma miragem, os navios no porto apitando inquietamente, gemendo, as escunas fantasmas, sem litoral, perdidas. É disso que Guaymas se trata. Tendo em vista as limitações da cidade, Graham Greene poderia ter escrito: uma praça sombria com um coreto tramado de cobre para a banda de domingo, uma barulheira de pássaros, uma catedral em mau estado de conservação com uma cúpula de ladrilhos no tom de azul dos ovos dos pintarroxos americanos, um urubu-de-cabeça-vermelha numa cruz. Nos cais há pilhas de fardos de algodão de Sonora e montes de concentrados de cobre escuro; lá nos navios cargueiros com bandeiras panamenhas e liberianas os meninos gregos e alemães, no calor do crepúsculo, olham taciturnos para as colinas grotescas e claustrofóbicas, na cidade tranquila, um limbo curioso ao qual recorrer.

Se realmente tivéssemos a intenção de nos perder, poderíamos ter ficado na cidade, em um hotel onde as venezianas azul-turquesa quebradas e esmaecidas se abrem para o pátio, onde homens velhos se sentam no vão da porta e nada se move, mas, em vez disso, nos hospedamos fora da cidade, no Playa de Cortés, o grande e antigo hotel construído pela companhia Southern Pacific antes de as ferrovias serem nacionalizadas. Aquele lugar também era uma miragem, adorável e fresco, com paredes espessas caiadas de branco, persianas escuras e piso reluzente, mesas feitas com dormentes de ébano dos trilhos de trem, cortinas claras de musselina bordada, rolos de feno enrolados nas pesadas vigas. Árvores de aroeira--salsa cresciam ao redor da piscina, bananeiras e limoeiros cresciam no pátio. A comida era comum, mas depois do jantar podia-se deitar numa rede no terraço e ouvir o barulho das fontes e do mar. Durante uma semana, ficamos deitados em redes e pescamos sem entusiasmo, fomos dormir cedo e ficamos morenos e preguiçosos. Meu marido apanhou oito tubarões, eu li um livro de oceanografia, e nós não conversamos muito. No fim da semana, queríamos fazer alguma coisa, mas tudo o que havia para fazer era visitar a estação de rastreio de um antigo programa espacial ou assistir a John Wayne e Claudia Cardinale em *O mundo do circo*, então soubemos que era hora de voltar para casa.

1965

Caderno de Los Angeles

Há algo preocupante nos ares de Los Angeles nesta tarde, certa quietude antinatural, certa tensão. O que isso significa é que hoje à noite o vento de Santa Ana vai começar a soprar, um vento quente do nordeste gemendo pelos Passos de Cajon e San Gorgonio, detonando tempestades de areia ao longo da Rota 66, secando as colinas e os nervos até um ponto crítico. Por alguns dias, veremos a fumaça de volta aos cânions e ouviremos sirenes à noite. Não ouvi nem li que um Santa Ana era esperado, mas sei que é, e quase todo mundo que eu vi hoje também sabe. Sabemos porque podemos sentir. O bebê fica irritadiço. A empregada fica de mau humor. Reacendo uma discussão minguada com a companhia telefônica, depois corto meus gastos e me deito, entregue ao que quer que esteja no ar. Viver com o Santa Ana é reconhecer, conscientemente ou não, uma visão profundamente mecanicista do comportamento humano.

Quando me mudei para Los Angeles pela primeira vez e fui morar em uma praia erma, me lembro de ter sido informada que os índios se jogariam no mar quando os maus ventos soprassem. Pude entender por quê. O Pacífico ficou ameaçadoramente lustroso durante um período do Santa Ana, a ponto de alguém despertar durante a noite perturbado não só pelos pavões gritando nas oliveiras, mas pela ausência sinistra do barulho das ondas. O calor era surreal. O céu tinha um tom amarelo, um tipo de luz às vezes chamado de "clima de terremoto". Minha única vizinha não saía de casa fazia dias, não havia iluminação à noite e o marido dela andava por aquela área com um facão. Um dia ele me disse que tinha ouvido um invasor, no dia seguinte, uma cascavel.

"Em noites como essa", Raymond Chandler escreveu uma vez sobre o Santa Ana, "toda festa com álcool termina em briga. As dóceis esposinhas sentem o fio de corte da faca e examinam o pescoço de seus maridos. Tudo pode acontecer." Era esse o tipo de vento. Na época, eu não sabia que havia alguma base para o efeito do vento sobre todos nós, mas este se tornou um daqueles casos em que a ciência confirma a sabedoria popular. O Santa Ana, que recebeu o nome de um dos desfiladeiros por onde passa, é um vento *foehn*, como o *foehn* da Áustria e da Suíça e o *khamsin* de Israel. Existem vários ventos malévolos persistentes, talvez os mais conhecidos sejam o mistral da França e o siroco do Mediterrâneo, mas um vento *foehn* tem características distintas: ocorre no declive a sota-vento de uma cordilheira e, embora no início o ar seja uma massa fria, ele se aquece quando desce a montanha e finalmente se torna um vento seco e quente. Não importa quando e onde um *foehn* sopre, os médicos ouvem relatos de dores de cabeça, náuseas e alergias, de "nervosismo" e de "depressão". Em Los Angeles, alguns professores nem tentam dar aulas formais durante a passagem de um Santa Ana, pois as crianças ficam incontroláveis. Na Suíça, o índice de suicídios aumenta durante o *foehn*, e nos tribunais de alguns cantões suíços o vento é considerado uma circunstância atenuante de crimes. Dizem que os cirurgiões ficam atentos ao vento porque o sangue não coagula normalmente durante um *foehn*. Há alguns anos, um físico israelense descobriu que não apenas durante a passagem desse vento, mas também nas dez ou doze horas que o precedem, o ar carrega uma proporção incomumente alta de íons positivos em relação aos negativos. Ninguém parece saber exatamente por que isso aconteceria; alguns falam em atrito e outros sugerem distúrbios solares.

De qualquer forma, os íons positivos estão lá, e o que o excesso deles faz, nos termos mais simples, é deixar as pessoas infelizes. Não se pode ser muito mais mecanicista do que isso.

Os que vivem no Leste costumam reclamar que no sul da Califórnia não existe "clima", que os dias e as estações correm sem piedade, numa insipidez entorpecente. Isso é bastante enganoso. Na verdade, o clima se caracteriza por extremos pouco frequentes, porém violentos: dois períodos de chuvas subtropicais torrenciais que se estendem por semanas, inundam as colinas e arrastam loteamentos em direção ao mar; cerca de vinte dias do Santa Ana espalhados ao longo do ano, o que, com sua secura incendiária, invariavelmente significa que vem fogo. Logo que prevê um Santa Ana, o Serviço Florestal leva homens e equipamentos do norte da Califórnia para as florestas do sul, e o Corpo de Bombeiros de Los Angeles cancela suas rotinas habituais que não sejam as de combate ao fogo. O Santa Ana fez um incêndio varrer Malibu em 1956, Bel Air em 1961 e Santa Barbara em 1964. No inverno de 1966-7, onze homens morreram lutando contra um incêndio que o Santa Ana espalhou pelas montanhas de San Gabriel.

Ao ler as manchetes dos jornais sobre Los Angeles durante um vento Santa Ana, é possível ter uma boa noção do que ele provoca. O período consecutivo mais longo do Santa Ana nos últimos anos foi em 1957, e durou não os três ou quatro dias habituais, mas catorze dias, de 21 de novembro a 4 de dezembro. No primeiro dia, 10 mil hectares das montanhas de San Gabriel pegaram fogo, com rajadas de vento chegando a 160 quilômetros por hora. Na cidade, o vento atingiu o Grau 12, que equivale ao de um furacão, na Escala Beaufort; torres de perfuração de petróleo foram derrubadas e as pessoas foram expulsas das ruas do centro para evitar lesões causadas por objetos voadores. No dia 22 de novembro, o incêndio em San Gabriel estava fora de controle. No dia 24, seis pessoas morreram em acidentes de automóvel e, no final da semana, o *Los Angeles Times* publicava uma planilha com a contagem de mortes no trânsito. No dia 26 de novembro, um importante advogado de Pasadena, deprimido por questões de dinheiro, atirou na esposa, nos dois filhos deles e nele mesmo. No dia 27, um divorciado de South Gate, 22 anos, foi assassinado e arremessado de um carro em movimento. No dia 30 de novembro, o incêndio em San Gabriel continuava fora de controle e o vento na cidade soprava a 140 quilômetros por hora. No dia 1º de dezembro, quatro pessoas morreram de forma violenta, e no dia 3 o vento começou a acalmar.

Para quem nunca morou em Los Angeles, é difícil perceber o quão radical é a presença do Santa Ana na imaginação local. A cidade em chamas é a autoimagem mais profunda de Los Angeles: Nathanael West percebeu isso em *O dia do gafanhoto*; e na época dos tumultos no distrito de Watts, em 1965, o que atingiu mais em cheio a imaginação foram os incêndios. Durante dias, era possível dirigir pela rodovia Harbor e ver a cidade pegando fogo, do jeito que sempre soubemos que seria, afinal. O clima de Los Angeles é o clima da catástrofe, do apocalipse e, assim como os longos e confiáveis invernos penosos da Nova Inglaterra determinam a maneira como se vive a vida por lá, a violência e a imprevisibilidade do Santa Ana afetam inteiramente a qualidade de vida em Los Angeles, acentua sua impermanência, seu caráter não confiável. O vento nos mostra o quão perto estamos do fio de corte.

2

"É por isso que estou ligando, Ron", disse a voz ao telefone no programa de rádio da noite. "Eu só quero dizer que essa criatura do *Sexo para secretárias*, seja qual for o nome dela, certamente não está contribuindo em nada para a moral neste país. É patético. Estatísticas *mostram*."

"É *Sexo no escritório*, meu bem", disse o apresentador. "Esse é o título. É da Helen Gurley Brown. O que as estatísticas mostram?"

"Não tenho os dados aqui na ponta dos dedos. Mas eles *mostram*."

"Eu gostaria de ouvir. Corujas, sejam construtivas."

"O.k., vamos considerar *uma* estatística", disse a voz, dessa vez com truculência. "Eu posso não ter lido o livro, mas o que ela aconselha sobre *encontros com homens casados na hora do almoço*?"

E assim continuou o programa, da meia-noite às cinco da manhã, interrompido por músicas e ligações ocasionais, debatendo se uma cascavel sabe ou não nadar. Desinformações sobre cascavéis são um leitmotiv da imaginação insone em Los Angeles. Por volta das duas da manhã, um homem "da rota para Tarzana" ligou para protestar. "As corujas que ligaram antes devem ter pensado em *O homem no terno de flanela cinza* ou em algum outro livro", ele disse. "Porque Helen é das poucas autoras que tenta nos contar o que realmente está acontecendo. Hefner é outro autor, e ele também é polêmico, trabalhando em, hum, outra área."

Um idoso, depois de testemunhar que tinha visto "pessoalmente" uma cascavel nadando, no canal Delta-Mendota, pediu "moderação" na questão sobre Helen Gurley Brown. "Não devemos ligar para chamar de pornográfico um livro que nem lemos", queixou-se, pronunciando poor-nou-gráfico. "Quero dizer, leia o livro. Dê uma chance a ele." A *provocateur* original ligou de volta para confirmar que leria o livro. "Aí eu boto fogo nele", acrescentou.

"Incendiária de livros, hein?", riu o apresentador, bem-humorado.

"Eu queria que ainda queimassem bruxas", ela sibilou.

3

São três da tarde de um domingo, 40°C, e o ar está com a nebulosidade tão densa que as palmeiras poeirentas surgem repentinamente com um mistério um tanto atraente. Eu brinco nos aspersores com o bebê, entro no carro e vou ao mercado Ralph's da esquina do Sunset com a Fuller, vestindo um biquíni velho. Não é algo muito bom de se vestir para ir ao mercado, mas tampouco é um traje incomum no Ralph's da esquina do Sunset com a Fuller. No entanto, uma mulher corpulenta de vestidinho floral de algodão empurra o carrinho dela contra o meu no balcão do açougue. "*Que coisa pra vestir no mercado*", ela diz em voz alta e ao mesmo tempo abafada. Todo mundo olha para o outro lado, eu examino uma embalagem plástica de costeletas de cordeiro, e ela repete a frase. Ela me segue por toda a loja, até nas seções de Comida de Bebê, de Laticínios, de Delícias Mexicanas, sempre que possível atropelando o meu carrinho. O marido puxa a manga da blusa dela. Quando saio do balcão de atendimento do caixa, ela levanta a voz uma última vez: "*Que coisa pra vestir no mercado*".

4

Uma festa na casa de alguém em Beverly Hills: uma tenda rosa, duas orquestras, um casal de diretores comunistas franceses com jaquetas Pierre Cardin, chilli e hambúrgueres da Chasen's. A mulher de um ator inglês senta-se à mesa sozinha; ela raramente vem à Califórnia, embora o marido trabalhe bastante tempo aqui. Um americano que pouco a conhece se aproxima da mesa.

"Que maravilha ver você aqui", ele diz.

"É?"

"Faz tempo que está aqui?"

"Tempo demais."

Ela pega uma bebida na bandeja de um garçom e sorri para o marido, que está dançando.

O americano tenta outra vez. Menciona o marido dela.

"Ouvi dizer que ele está maravilhoso nesse filme."

Ela olha para o americano pela primeira vez. Quando finalmente decide falar, enuncia cada palavra com muita clareza.

"Ele... além disso... é... uma... bicha", ela afirma em tom simpático.

5

A história oral de Los Angeles está escrita nos pianos-bar. Os pianistas sempre tocam "Moon River" e "Mountain Greenery". "There's a Small Hotel" e "This Is Not the First Time". As pessoas conversam, contam umas para as outras histórias de suas primeiras mulheres e de seus últimos maridos. "Não perca o humor", dizem uns aos outros, e "Isso é de lascar". Um sujeito de uma construtora conversa com um roteirista desempregado que está comemorando sozinho seu décimo aniversário de casamento. O construtor está trabalhando em Montecito: "Lá em Montecito", ele explica, "em 2,5 quilômetros quadrados tem 135 milionários."

"Putrescência", diz o escritor.

"Isso é tudo o que você tem a dizer?"

"Não me interprete mal, acho que Santa Barbara é um dos lugares mais bonitos — Jesus, é *o mais* bonito — do mundo, mas é um lugar bonito que tem uma... *putrescência*. Eles simplesmente vivem com seus milhões putrescentes."

"Então me dê essa putrescência."

"Não, não", diz o escritor. "Só me ocorre pensar que os milionários têm algum tipo de falta na... na elasticidade deles."

Um bêbado pede "The Sweetheart of Sigma Chi". O pianista diz que não conhece. "Onde você aprendeu a tocar piano?", o bêbado pergunta. "Tenho duas formações", diz o pianista.

"Uma delas em educação musical." Vou até uma cabine telefônica e ligo para um amigo em Nova York. "Onde você está?", ele pergunta. "Em um piano-bar em Encino", respondo. "Por quê?", ele diz. "Por que não?", digo eu.

1965-7

Adeus a tudo isso

How many miles to Babylon?
Three score miles and ten —
Can I get there by candlelight?
Yes, and back again —
If your feet are nimble and light
*You can get there by candlelight**

É fácil ver o começo das coisas e mais difícil ver o fim. Consigo me lembrar agora, com uma clareza que me faz contrair os nervos de trás do pescoço, quando Nova York começou para mim, mas não sou capaz de sublinhar o momento em que terminou, não consigo contornar as ambiguidades, as queimas de largada e as decisões suspensas e apontar o lugar exato da página em que a heroína deixa de ser tão otimista quanto já havia sido. Quando vi Nova York pela primeira vez eu tinha vinte anos, era verão, e desci de um DC-7 no antigo terminal temporário de Idlewild com um vestido novo, que me parecera muito elegante em Sacramento, mas agora já não parecia tanto, mesmo no antigo terminal temporário de Idlewild, e o ar quente cheirava a mofo, e um certo instinto — programado por todos os filmes que já tinha visto, por todas as músicas que já tinha ouvido e por todas as histórias que já tinha lido sobre

---

* Versos de uma cantiga infantil britânica (*nursery rhyme*), do início do século XIX. "Quantas milhas para a Babilônia?/Setenta ou em torno disso.../Consigo chegar à luz de velas?/Sim, e o mesmo no regresso .../Se seus pés são ágeis e leves/Você chega à luz de velas."

Nova York — me informou que nada voltaria a ser como antes. De fato, nunca voltou. Algum tempo depois, tocava uma música em todos os jukeboxes do Upper East Side que dizia "*but where is the schoolgirl who used to be me*"* e, se já fosse tarde da noite, eu ficava me questionando sobre isso. Hoje sei que mais cedo ou mais tarde quase todo mundo se pergunta algo desse tipo, não importa o que ele ou ela esteja fazendo, mas uma das bênçãos de se ter vinte, 21 ou até 23 anos é a convicção de que nada disso, apesar de todas as evidências contrárias, jamais aconteceu com alguém.

É claro que poderia ter sido outra a cidade, se as circunstâncias tivessem sido diferentes e a época tivesse sido diferente e se eu mesma fosse diferente, poderia ter sido Paris, Chicago ou até San Francisco, mas como estou falando sobre mim, falo aqui sobre Nova York. Naquela primeira noite, abri a janela no ônibus que ia para a cidade e busquei os contornos dos prédios no horizonte, mas tudo o que pude ver foram os esgotos do Queens e os grandes letreiros que diziam "FAIXA OBRIGATÓRIA PARA O MIDTOWN TUNNEL" e depois uma inundação causada pela chuva de verão (até isso me parecia notável e exótico, pois eu tinha vindo do Oeste, onde não havia chuva de verão) e, nos três dias seguintes, fiquei enrolada nos cobertores de um quarto de hotel com o ar-condicionado em temperatura congelante, tentando me recuperar de um resfriado forte e de uma febre alta. Não me ocorreu ligar para um médico, porque eu não conhecia nenhum, e embora tenha me ocorrido ligar para a recepção e pedir para desligarem o ar-condicionado, não liguei, porque não sabia quanto dar de gorjeta a quem viesse — alguém já foi tão jovem algum dia? Estou aqui para lhe dizer que alguém foi, sim. Tudo o que pude fazer nesses três dias foi conversar à distância com o garoto com quem eu já sabia

---

* "Mas onde está a colegial que eu costumava ser."

que não me casaria na primavera. Eu vou ficar em Nova York, eu disse a ele, são só seis meses, e contei que via a ponte do Brooklyn da minha janela. Acontece que a ponte era a Triborough e fiquei oito anos.

Em retrospecto me parece que aqueles dias, em que eu ainda não sabia os nomes de todas as pontes, eram mais felizes do que os que vieram depois, mas talvez você perceba isso à medida que avancemos. Parte do que quero lhe contar é como é ser jovem em Nova York, como seis meses podem virar oito anos com a facilidade enganosa com que as imagens de um filme se dissolvem, pois é assim que agora aqueles anos aparecem para mim, numa longa sequência de dissoluções sentimentais e efeitos especiais antiquados — as fontes do edifício Seagram se dissolvem em flocos de neve, eu entro por uma porta giratória aos vinte anos e saio dela muito mais velha, e numa rua diferente. Mas, mais especificamente, quero explicar a você e, no processo, talvez também a mim mesma, por que não moro mais em Nova York. Costuma-se dizer que Nova York é uma cidade apenas para os muito ricos e os muito pobres. Com menos frequência se diz que Nova York é também, pelo menos para quem veio de outro lugar, como eu, uma cidade apenas para os muito jovens.

Me lembro que uma vez, numa noite fria e luminosa de dezembro em Nova York, sugeri a um amigo que se queixava de estar havia tanto tempo na cidade que viesse comigo a uma festa onde haveria, lhe assegurei com a desenvoltura radiante dos 23 anos, "novos rostos". Ele riu até engasgar, literalmente, tive que abrir a janela do táxi e dar tapinhas nas costas dele. "Novos rostos", finalmente ele disse, "não venha me falar de *novos rostos*." Parece que, da última vez que ele havia ido a uma festa em que lhe prometeram que veria "novos rostos", havia quinze pessoas na sala, cinco mulheres com quem ele já tinha dormido e vários homens, exceto dois, a quem devia dinheiro. Eu ri junto com ele, mas a primeira neve começava a cair, as grandes árvores de Natal piscavam luzes amarelas e brancas até onde eu podia enxergar a Park Avenue, eu estava de vestido novo e ainda levaria muito tempo até entender a moral particular dessa história.

Levaria muito tempo simplesmente porque eu estava apaixonada por Nova York. Não falo de "paixão" no sentido coloquial, quero dizer que estava apaixonada pela cidade, do jeito que você se apaixona pela primeira pessoa que toca seu corpo e nunca mais volta a se apaixonar da mesma maneira. Me lembro de atravessar a rua 62, crepuscular naquela primeira primavera, ou na segunda primavera, por um tempo foram todas parecidas. Estava atrasada para encontrar alguém, mas parei na Lexington Avenue, comprei um pêssego, fiquei comendo na esquina, e soube que eu tinha vindo do Oeste e alcançado a miragem. Eu podia sentir o gosto do pêssego e o ar suave que soprava do metrô roçar as minhas pernas, podia sentir cheiros de flores lilases, de lixo e de perfumes caros, e sabia que, mais cedo ou mais tarde, isso teria um preço — porque eu não pertencia a Nova York, não era de lá —, mas quando você tem 22 ou 23 anos, imagina que mais adiante terá um grande equilíbrio emocional e poderá pagar o preço que for. Àquela altura, eu ainda acreditava nas possibilidades, ainda tinha a sensação, tão peculiar a Nova York, de que algo extraordinário aconteceria a qualquer minuto, qualquer dia, qualquer mês. Ganhava apenas entre 65 e setenta dólares por semana ("Fique nas mãos de Hattie Carnegie", me aconselhou, sem qualquer traço de ironia, uma editora da revista para a qual eu trabalhava), tão pouco dinheiro que, para comer, algumas vezes precisei ficar devendo na loja gourmet do Bloomingdale's, fato que não foi mencionado nas cartas que escrevi para a Califórnia. Nunca disse ao meu pai que precisava de dinheiro, porque ele teria enviado, e eu nunca ia saber se poderia me virar sozinha. Naquela época, ganhar a vida parecia um jogo para mim, com regras arbitrárias porém bastante inflexíveis. E, exceto num tipo singular de fim de tarde de inverno — digamos que às seis e meia da tarde, entre as ruas 70 e 80, quando já estava escuro, gélido, com um vento que vinha do rio, e eu andava muito rápido para pegar um ônibus e ficava vendo, pelas janelas brilhantes das casas de arenito vermelho, cozinheiros trabalhando em cozinhas limpas, e imaginava mulheres acendendo velas no andar de cima e lindas crianças sendo banhadas no andar mais acima —, exceto em noites como essas, nunca me senti pobre; tinha a sensação de que, se eu precisasse de dinheiro, sempre conseguiria. Poderia escrever e vender para várias revistas uma coluna para adolescentes usando o pseudônimo "Debbi Lynn", levar ouro contrabandeado para a Índia ou me tornar mais uma garota de programa de cem dólares, e nada disso importaria.

Nada era irrevogável; tudo estava ao alcance. Em cada esquina havia algo curioso e interessante, algo que eu nunca havia visto, feito ou conhecido. Eu poderia ir a uma festa e conhecer alguém que se autodenominava o "Sr. Apelo Emocional" e dirigia o Instituto de Apelo Emocional, conhecer Tina Onassis Blandford ou um branco pobre da Flórida que era então freguês do que ele chamava de "o Grande Câncer", o circuito de Southampton até o clube noturno El Marrocos ("Estou bem conectado ao Grande Câncer, querida", ele me disse enquanto comíamos couve-galega em seu amplo terraço emprestado) ou ainda conhecer a viúva do rei do aipo do mercado do Harlem, um vendedor de pianos de Bonne Terre, Missouri, ou alguém que já havia ganhado e perdido duas fortunas em Midland, Texas. Eu poderia fazer promessas para mim mesma e para outras pessoas e teria todo o tempo do mundo para cumpri-las. Poderia ficar acordada a noite inteira e cometer vários erros, e nenhum deles contaria.

Você vê que eu estava numa situação curiosa em Nova York: nunca me ocorreu que eu estava vivendo uma vida de verdade lá. Na minha imaginação, eu sempre estava lá só por mais alguns meses, até o Natal, a Páscoa ou o primeiro dia quente de maio. Por isso, eu ficava mais à vontade na companhia dos que tinham vindo do Sul. Eles pareciam estar em Nova York como eu, em uma licença indefinidamente prolongada de onde quer que viessem, sem vontade de pensar no futuro; exilados temporários que sempre sabiam quando os voos partiam para Nova Orleans, Memphis, Richmond ou, no meu caso, para a Califórnia. Alguém que vive sempre com a programação dos voos na gaveta tem um calendário um pouco diferente. O Natal, por exemplo, era uma época difícil. Outras pessoas podiam tirar de letra, iam para Stowe esquiar, viajavam para o exterior ou iam passar o feriado na casa da mãe, em Connecticut; aqueles de nós que pensavam morar em outro lugar passavam os dias fazendo e cancelando reservas de companhias aéreas, aguardando os voos adiados devido ao mau tempo como se aguardassem o último avião saindo de Lisboa em 1940 e, por fim, aqueles de nós que restavam confortavam uns aos outros com as laranjas, lembranças e recheios de ostras defumadas com sabor da infância, nos reunindo como colonos em um país distante.

Isso é precisamente o que éramos. Não tenho certeza de que seja possível que alguém criado no Leste aprecie inteiramente o que Nova York, a ideia de Nova York, significa para aqueles de nós que vieram do Oeste ou do Sul. Para uma criança do Leste, particularmente uma que sempre teve um tio em Wall Street e que passou centenas de sábados na FAO Schwarz e provando sapatos sob medida na Best's, primeiro, depois esperando debaixo do relógio do hotel Biltmore e dançando ao som de Lester Lanin, Nova York é apenas uma cidade, embora seja *a* cidade, um lugar plausível para se morar. Mas para aqueles de nós que vieram de lugares onde ninguém tinha ouvido falar de Lester Lanin e onde a estação Grand Central era um programa de rádio aos sábados, onde Wall Street, a Quinta Avenida e a Madison não eram lugares, mas abstrações ("Dinheiro", "Alta-costura" e "O mercador de ilusões"), Nova York não era uma mera cidade. Era uma noção infinitamente romântica, o nexo misterioso de todo amor, dinheiro e poder, o sonho ao mesmo tempo luminoso e perecível. Pensar em "morar" lá era reduzir o milagroso ao mundano; ninguém "mora" em Xanadu.

Na verdade, eu achava extremamente difícil entender aquelas jovens para quem Nova York não era uma simples e efêmera Estoril, mas um lugar real, garotas que compravam torradeiras, instalavam novos armários em seus apartamentos e se comprometiam com um futuro satisfatório. Nunca comprei nenhuma mobília em Nova York. Por cerca de um ano morei em apartamentos de outras pessoas; depois disso morei na altura da rua 90, em um apartamento inteiramente mobiliado com coisas retiradas de um depósito por um amigo cuja esposa havia se mudado. E quando saí desse apartamento na altura da rua 90 (quando eu estava largando tudo, quando tudo estava desmoronando), deixei tudo nele, até as minhas roupas de inverno e o mapa do condado de Sacramento que havia pendurado na parede do quarto para me lembrar de quem eu era, e me mudei para um apartamento monástico que ocupava um andar inteiro e tinha quatro cômodos, na rua 75. Talvez seja enganoso dizer "monástico", pois sugere alguma severidade chique; até depois que me casei e meu marido trouxe alguns móveis, não havia nada nesses quatro quartos, exceto um colchão de casal barato e uma cama box, encomendados por telefone no dia em que decidi me mudar, e duas cadeiras de jardim francesas, de ferro, emprestadas de um amigo que as importava. (Me dou conta agora de que todas as pessoas que conhecia em Nova York tinham trabalhos paralelos curiosos e contraproducentes. Elas importavam cadeiras de jardim que não vendiam muito bem na Hammacher Schlemmer, tentavam comercializar chapinhas alisadoras de cabelos no Harlem ou eram escritores fantasmas de denúncias contra a Murder Incorporated* publicadas nos suplementos dominicais. Acho que talvez nenhum de nós tenha sido muito sério, engagé de verdade só nas nossas vidas privadas.)

O máximo que fiz naquele apartamento foi pendurar cinquenta metros de uma seda amarela teatral nas janelas do quarto, porque eu tinha a impressão de que a luz dourada faria com que me sentisse melhor, mas não me preocupei com o peso e, durante todo aquele verão, as longas cortinas de seda dourada transparente seriam sopradas janela afora, ficariam emaranhadas e encharcadas com as tempestades da tarde. Eu tinha 28 anos e foi então que descobri que nem todas as promessas seriam cumpridas, que algumas coisas são de fato irrevogáveis e que, afinal, todas as evasões e procrastinações, todos os erros, todas as palavras, tudo isso tinha contado.

Era disso que se tratava, não era? Promessas? Agora, quando Nova York me vem à mente, me vem em flashes alucinatórios, detalhados de forma tão clínica que às vezes gostaria que a memória efetuasse as distorções tantas vezes a ela creditadas. Em longos períodos em Nova York, usei um perfume chamado Fleurs de Rocaille, e depois usei L'Air du Temps, e agora o mais leve rastro de qualquer um deles pode causar um curto-circuito nas minhas conexões pelo resto do dia. Tampouco posso sentir o cheiro do sabão de jasmim Henri Bendel sem

---

* Organização criminosa dos anos 1930 e 1940 que tinha uma base importante em Nova York e era ligada às máfias italiana e judaica.

voltar ao passado, nem uma mistura específica de especiarias usadas para ferver caranguejos. Uma vez fiz compras na altura da rua 80, num lugar tcheco em que havia barris de caranguejos fervendo. Os cheiros, é claro, são notórios estímulos à memória, mas há outras coisas que me afetam da mesma maneira. Lençóis com listras azuis e brancas. Vermute com cassis. Algumas camisolas desbotadas, que eram novas em 1959 ou 1960, e algumas echarpes de chiffon que comprei nessa mesma época.

Suponho que muitos de nós que foram jovens em Nova York assistiram às mesmas cenas em nossas TVs. Me lembro de estar sentada em diferentes apartamentos, com uma leve dor de cabeça, por volta das cinco da manhã. Eu tinha um amigo que não conseguia dormir, e ele conhecia algumas outras pessoas com a mesma dificuldade, então víamos o céu clarear, tomávamos uma última dose sem gelo e depois íamos para casa à primeira luz da manhã, quando as ruas estavam limpas e úmidas (havia chovido à noite? nunca sabíamos dizer), os poucos táxis que passavam ainda estavam com os faróis acesos e as únicas cores que havia eram o vermelho e o verde dos sinais de trânsito. Os bares White Rose abriam bem cedinho; me lembro de ficar em um deles esperando para assistir a um astronauta ir para o espaço, esperando tanto tempo que, no momento em que realmente aconteceu, meus olhos não estavam fixados na tela da televisão, mas sim numa barata no chão de ladrilhos. Eu gostava dos galhos das árvores sombreando a Washington Square ao amanhecer e da planicidade monocromática da Segunda Avenida, das escadas de incêndio e das fachadas de restaurante vazios e peculiares nessa perspectiva.

É relativamente difícil começar uma briga às seis e meia ou às sete da manhã sem ter dormido, e talvez essa seja uma das razões por que ficávamos acordados a noite toda, e me parecia uma hora agradável do dia. As venezianas ficavam fechadas naquele apartamento próximo à rua 90 e eu podia dormir um pouco e depois ir pro trabalho. Eu conseguia trabalhar com duas ou três horas de sono e um balde de café da Chock Full O' Nuts. Eu gostava de trabalhar, gostava do ritmo suave e satisfatório de produzir uma revista, gostava da progressão ordenada dos fechamentos em quatro cores, em duas cores e em preto e branco e, depois, do Produto, não abstrato, mas algo que parecia brilhar sem esforço, que podia ser retirado em uma banca de jornal e que pesava na mão. Gostava de todas as minúcias das provas e dos layouts, gostava de trabalhar até tarde nas noites em que a revista ia para a gráfica, de ficar sentada lendo a *Variety* esperando a ligação do copidesque. Da minha mesa eu podia ver, do outro lado da cidade, o painel indicando a temperatura no topo do arranha-céu do grupo Mutual of Nova York e as luzes que alternadamente compunham as palavras TIME e LIFE no alto do Rockefeller Plaza; isso me agradava de uma forma obscura, assim como andar pela cidade púrpura às oito da noite nos anoiteceres de verão, olhando as coisas, as terrinas de porcelana de Lowestoft nas vitrines da rua 57, as pessoas arrumadas para a noite tentando pegar táxis, as árvores ficando frondosas, o brilho suave no ar, todas as doces promessas de dinheiro e de verão.

Alguns anos se passaram, mas eu ainda não perdi esse sentimento de admiração por Nova York. Comecei a cultivar a solidão que a cidade traz, a perceber que ninguém precisava saber onde eu estava ou o que estava fazendo. Eu gostava de caminhar, do rio East até o Hudson ida e volta nos dias frescos, e pelo Village nos dias quentes. Ficava com a chave do apartamento de uma amiga no West Village quando ela saía da cidade, e às vezes resolvia me mudar para lá, porque àquela altura o telefone estava começando a me incomodar (o cancro, você vê, já causava lesões na rosa) e poucas pessoas tinham o número de lá. Me lembro de um dia em que alguém que tinha o número do West Village foi me buscar para almoçar e ficamos os dois de ressaca, cortei o dedo abrindo uma cerveja para ele e caí no choro, então caminhamos até um restaurante espanhol e tomamos Bloody Marys e gaspacho até melhorar. Na época eu não ficava cheia de culpa por passar tardes assim, porque ainda tinha todas as tardes do mundo.

E mesmo que o jogo já estivesse na prorrogação, eu ainda gostava de ir a festas, todas as festas, festas ruins, festas de sábado à tarde oferecidas por casais recém-casados que moravam em Stuyvesant Town, festas no West Side promovidas por escritores não publicados ou fracassados que serviam vinho tinto barato e conversavam sobre ir para Guadalajara, festas no Village nas quais todos os convidados trabalhavam em agências de publicidade e votavam nos democratas mais progressistas, festas de jornalistas no Sardi's, os piores tipos de festas. Você já deve ter percebido que eu não tirava proveito da experiência dos outros, que realmente demorou muito tempo até eu parar de acreditar em novos rostos e começar a entender a lição dessa história: é claramente possível ficar tempo demais no parque de diversões.

Não saberia dizer quando comecei a entender isso. Tudo o que sei é que, quando estava com 28 anos, as coisas iam muito mal. Tudo o que me diziam parecia que eu já tinha ouvido antes, e não conseguia mais escutar. Não conseguia mais me sentar à mesa dos bares nas imediações da Grand Central e ficar ouvindo um sujeito reclamar da incapacidade de sua mulher de dar conta das coisas, enquanto ele perdia o próximo trem para Connecticut. Já não tinha mais interesse em saber sobre os adiantamentos que outras pessoas tinham recebido de seus editores, nem sobre problemas nos bastidores de peças de teatro na Filadélfia, nem sobre pessoas de quem eu gostaria se me dispusesse a sair e conhecê-las. Eu já as conhecera, o tempo todo. Havia certas partes da cidade que eu tinha que evitar.

Não podia suportar a parte de cima da Madison Avenue nos dias de semana pela manhã (essa era uma aversão bastante inconveniente, já que na época eu morava a uns quinze ou vinte metros ao leste de Madison), porque via mulheres passeando com seus yorkshire-terriers, fazendo compras no Gristede's, e uma espécie de empanzinamento veblenesco* subia até a minha garganta. Não podia ir na Times Square à tarde, e nem pensar em ir na Biblioteca Pública de Nova York. Um dia não consegui entrar na confeitaria Schrafft's; no dia seguinte, o mesmo aconteceu na luxuosa Bonwit Teller.

Eu feria pessoas com quem me importava e insultava as que não me importavam. Me desliguei da pessoa que era mais próxima de mim do que qualquer outra. Chorava até não me dar conta de quando estava ou não estava chorando, chorava em elevadores, táxis e lavanderias chinesas, e quando fui ao médico ele disse apenas que eu parecia estar deprimida e deveria ir a um "especialista". Anotou o nome e o endereço de um psiquiatra para mim, mas eu não fui.

Em vez disso me casei, o que se revelou uma decisão acertada, mas em má hora, pois eu ainda não conseguia andar na Madison Avenue de manhã, não conseguia falar com as pessoas e continuava chorando nas lavanderias chinesas. Nunca antes eu havia entendido o significado da palavra "desespero", e não tenho certeza se entendo agora, mas naquele ano entendi. É claro que não podia trabalhar. Não conseguia nem comprar algo para jantar com algum grau de segurança, e ficava estática sentada no apartamento na rua 75, até que meu marido ligasse do escritório e gentilmente dissesse que não era preciso preparar o jantar, que eu poderia encontrá-lo no Michael's Pub ou no Toots Shor's ou no Sardi's East. E então,

---

* Referência a Thorstein B. Veblen (1857-1929), economista e sociólogo americano que analisou criticamente o consumo ostentatório.

numa manhã de abril (tínhamos nos casado em janeiro), ele ligou e me disse que queria sair de Nova York por um tempo, que tiraria uma licença de seis meses e que poderíamos ir para outro lugar.

    Faz três anos que ele me falou isso e, desde então, moramos em Los Angeles. Muitos dos nossos conhecidos de Nova York acham essa escolha uma aberração curiosa e fazem questão de nos dizer. Não existe uma resposta possível ou adequada, então damos sempre respostas genéricas, como todos costumam fazer. Falo sobre o quão difícil seria "bancar" a vida em Nova York agora, sobre o quanto de "espaço" que precisamos. O que quero dizer é que eu era muito jovem em Nova York e que em algum momento o ritmo de ouro se quebrou, e já não sou mais tão jovem assim. A última vez que estive em Nova York foi num janeiro frio e todo mundo estava doente e cansado. Muitos dos meus conhecidos de lá tinham se mudado para Dallas ou começado o tratamento com Dissulfiram ou comprado uma fazenda em New Hampshire. Depois de passar dez dias lá, pegamos um voo vespertino de volta para Los Angeles, e no caminho do aeroporto para casa, naquela noite, pude ver a lua no Pacífico e sentir o cheiro de jasmim por todo lado, e nós dois soubemos que não fazia mais sentido manter o apartamento que ainda mantínhamos em Nova York. Houve um tempo em que eu chamava Los Angeles de "a Costa", mas agora parece um tempo muito distante.

1967

Agradecimentos

"Onde as saudações não cessam" [Where the Kissing Never Stops] foi publicado pela primeira vez na *New York Times Magazine* sob o título "Just Folks at a School for Non-Violence". "Sobre ter um caderno" [On Keeping a Notebook] e "Notas de uma nativa" [Notes from a Native Daughter] saíram primeiramente na *Holiday*. "Não consigo tirar esse monstro da cabeça" [I Can't Get That Monster Out of My Mind] e "Sobre a moralidade" [On Morality] saíram pela primeira vez na *American Scholar*, este último sob o título "The Insidious Ethic of Conscience". "Sobre o amor-próprio" [On Self-Respect] e "Guaymas, Sonora" foram publicados antes na *Vogue*. "Caderno de Los Angeles" [Los Angeles Notebook] inclui uma seção que recebeu o título de "The Santa Ana" quando saiu pela primeira vez no *Saturday Evening Post*. Todos os demais ensaios foram publicados originalmente no *Saturday Evening Post*, vários deles com outros títulos: "Sonhadores do sonho dourado" [Some Dreamers of the Golden Dream] se chamava "How Can I Tell Them There's Nothing Left"; "Romaine Street 7000, Los Angeles 38" se chamava "The Howard Hughes Underground"; "Carta do paraíso, 21º 19'N, 157º 52'O" [Letter from Paradise, 21º 19'N., 157º 52'W.] era "Hawaii: Taps Over Pearl Harbor"; "Adeus a tudo isso" [Goodbye to All That] era "Farewell to the Enchanted City".

    A autora agradece a todos esses veículos pela permissão para republicar os diversos ensaios.

Slouching Towards Bethlehem: Essays © Joan Didion, 1961, 1964, 1965, 1967, 1966, 1967, 1968. Todos os direitos reservados, incluindo o direito de reprodução, no todo ou em parte, sob qualquer forma.

Todos os direitos desta edição reservados à Todavia.

Grafia atualizada segundo o Acordo Ortográfico da Língua Portuguesa de 1990, que entrou em vigor no Brasil em 2009.

capa
adaptação da capa original de Lawrence Ratzkin
para Farrar, Straus & Giroux
composição
Manu Vasconcelos
preparação
Sheyla Miranda
revisão
Jane Pessoa
Ana Maria Barbosa

1ª reimpressão, 2021

Dados Internacionais de Catalogação na Publicação (CIP)

Didion, Joan (1934-)
Rastejando até Belém : Ensaios / Joan Didion ; tradução Maria Cecilia Brandi. — 1. ed. — São Paulo : Todavia, 2020.

Título original: Slouching Towards Bethlehem : Essays
ISBN 978-65-5692-086-3

1. Literatura americana. 2. Ensaio. I. Brandi, Maria Cecilia. II. Título.

CDD 814

Índice para catálogo sistemático:
1. Literatura americana : Ensaio 814

Bruna Heller — Bibliotecária — CRB 10/2348

todavia
Rua Luís Anhaia, 44
05433.020 São Paulo SP
T. 55 11. 3094 0500
www.todavialivros.com.br

fonte
Register*
papel
Pólen soft 80 g/m²
impressão
Geográfica